VIDA EM CONTOS

Catalogação na Fonte
Elaborado por: Josefina A. S. Guedes
Bibliotecária CRB 9/870

Bezerra, Antônio Lopes
B574v Vida em contos / Antônio Lopes Bezerra. – 1. ed. – Curitiba: Appris, 2024.
2024 184 p. ; 23 cm.

Inclui referências.
ISBN 978-65-250-5685-2

1. Contos brasileiros. 2. Vida. 3. Esperança. I. Título.

CDD – 371.26

Appris editora

Editora e Livraria Appris Ltda.
Av. Manoel Ribas, 2265 – Mercês
Curitiba/PR – CEP: 80810-002
Tel. (41) 3156 - 4731
www.editoraappris.com.br

Printed in Brazil
Impresso no Brasil

Antônio Lopes Bezerra

VIDA EM CONTOS

FICHA TÉCNICA

EDITORIAL	Augusto Coelho Sara C. de Andrade Coelho
COMITÊ EDITORIAL	Marli Caetano Andréa Barbosa Gouveia (UFPR) Jacques de Lima Ferreira (UP) Marilda Aparecida Behrens (PUCPR) Ana El Achkar (UNIVERSO/RJ) Conrado Moreira Mendes (PUC-MG) Eliete Correia dos Santos (UEPB) Fabiano Santos (UERJ/IESP) Francinete Fernandes de Sousa (UEPB) Francisco Carlos Duarte (PUCPR) Francisco de Assis (Fiam-Faam, SP, Brasil) Juliana Reichert Assunção Tonelli (UEL) Maria Aparecida Barbosa (USP) Maria Helena Zamora (PUC-Rio) Maria Margarida de Andrade (Umack) Roque Ismael da Costa Güllich (UFFS) Toni Reis (UFPR) Valdomiro de Oliveira (UFPR) Valério Brusamolin (IFPR)
SUPERVISOR DA PRODUÇÃO	Renata Cristina Lopes Miccelli
PRODUÇÃO EDITORIAL	Miriam Gomes
REVISÃO	Débora Sauaf
DIAGRAMAÇÃO	Renata Cristina Lopes Miccelli
CAPA	Eneo Lage

A minha filha (in memoriam) *Letícia Lima Bezerra*

AGRADECIMENTOS

Minha gratidão aos meus pais, Luiz Lopes Guerreiro e Maria Bezerra Lopes, por me ensinarem os caminhos da vida, a minha esposa Meirinha, companheira de todos os momentos e as minhas filhas Patrícia e Letícia, presentes divinos. Ao meu netinho Benjamim por partilhar tantas alegrias, um agradecimento especial a parentes e amigos que me incentivam, e a todos os colaboradores da Editora Appris pelo apoio e dedicação a essa obra literária.

PREFÁCIO

A escrita criativa e sensível de Antônio Lopes Bezerra nos envolve desde o início em uma atmosfera de profunda reflexão. Desde aspectos mais triviais do nosso cotidiano, passando por questões sociais complexas, e até questionamentos de caráter filosófico, *Vida em Contos* é uma coletânea de textos que contempla a humanidade das formas mais diversas.

Por meio de uma linguagem simples e assertiva, o autor nos guia por vários caminhos que rumam para um lugar bem determinado, o desenvolvimento da nossa consciência. Cada reflexão enreda o leitor numa teia de pensamentos, muitas vezes apelando para magia, mitologia, crenças populares e até mesmo para o desconhecido, os grandes mistérios ainda não revelados.

Este livro está repleto de memórias afetivas do autor, as quais ele compartilha com doçura e generosidade com os leitores, como um sábio que oferece doses de conhecimento, na esperança de construir um mundo mais justo e mais humano, os conselhos ofertados em cada texto têm esse intuito como compromisso.

Embora algumas verdades sejam duramente difíceis de processar, estão sempre acompanhadas por palavras de motivação e conforto, é como se o autor transformasse a obra numa plateia que está sempre incentivando, apoiando e torcendo pelo leitor. Mas a grande e mais marcante lição com a qual *Vida em Contos* nos presenteia é a de que cada pessoa é um mundo e cada mundo é importante para o Universo.

Patrícia Lima Bezerra

Formada em História pela Universidade Estadual do Ceará,

pedagoga e historiadora.

SUMÁRIO

O PESCADOR DE ESPERANÇAS

Os primeiros raios de sol clareavam os picos das montanhas anunciando que Guaraci estava assumindo o reinado naquele momento e o pescador de esperanças continuava a sua rotina. A brisa matutina varria os campos e ele já estava a caminho do lago, já havia mergulhado os pés na água transparente e olhava atentamente pequenos alevinos que nadavam sob o olhar da mãe. O lago estava muito tranquilo e o vento soprava baixinho, como quem sussurra uma palavra de amor, o pescador de esperanças sentou-se, começou a admirar o lugar e pensou: *é muito cedo ainda, nessa hora até o encanto descansa.*

Não usava nenhum tipo de instrumento de pesca, habituou-se a fazer uma prece e colocar sobre o lago apenas uma folha de aguapé, um lápis e um pedaço de papel. Alguns amigos riam e até perguntavam o que ele estava pescando, se era algum tipo de peixe invisível. Ele ria e falava que era um pescador de esperanças e qualquer dia aquele aguapé retornaria com uma mensagem para o mundo, e todas as manhãs tinha um encontro marcado com as águas, para fazer seu pedido.

Um dia, enquanto o vento levava sua folha para o meio do lago, viu surgir nas águas uma moça vestida de branco que em seguida desapareceu. Ele colocou a mão acima dos olhos para enxergar melhor, mas não adiantou, ela havia desaparecido. Eis que, de repente, ela surgiu ao seu lado e falou: *não pergunte quem sou, vim lhe dizer que as luas são diferentes, e mesmo que viva de esperança, sempre surgirão luas claras e escuras, há quem acredite no equilíbrio do universo, há quem duvide de sua existência, não desista de sua procura, a persistência é um portal para a vitória.*

Falam que quem deseja pérolas precisa mergulhar, verdade, mas nem sempre vão encontrá-las em águas profundas, a pérola mais importante é a nossa consciência de humanidade, e isso precisa ir além dos nossos desejos para que possamos entender o sentido da vida. Todas as manhãs vejo você aqui, mas seus mergulhos ainda são pequenos diante a grandeza da vida, precisará não apenas pescar esperanças, mas doá-las a quem já as perdeu.

Eu vivo nas águas dos lagos e dos olhos, vejo os pingos da chuva e das lágrimas evaporarem para o infinito, devido às vidas sofridas de tantas pessoas que precisavam apenas de um tratamento digno, mas enquanto existir a banalização dos valores humanos, muitas vidas serão encurtadas. Um dia teremos que nos curvar ao anjo do dia e da noite, e esse dia não escolhemos, eles nos escolhem e tudo é um segredo que a humanidade vai demorar para desvendar, mas quando ele chegar, cada pessoa precisa conhecer a profundeza de seu próprio oceano.

OS RETALHOS DA VIDA

Os retalhos da vida voam em direções ignoradas por nós, mas com certeza o universo junta todos eles na formação de seus mistérios, e até o sorriso que negamos ou a lágrima que derramamos fazem parte do enigma da vida. Muitas vezes esquecemos que nessa ciranda somos apenas coadjuvantes, o personagem principal é escolhido por quem controla tudo e, ao contrário de questionar o Criador, a criatura precisa ter consciência de sua responsabilidade, mesmo porque também nos deram poderes.

A humanidade continua se afogando em seus próprios oceanos de julgamentos desnecessários e prematuros, no entanto, se conhecêssemos as nossas próprias águas, evitaríamos muitas tormentas e teríamos mais calmarias. Os retalhos da vida representam pedaços de cada um de nós, e por mais contundente que seja aceitar essa partilha, é uma verdade, e no desejo de ser feliz esquecemos que a felicidade é a paz que teríamos se fôssemos mais justos e solidários.

A vida é uma grande estação e a todo o momento o tempo e o destino embarcam e desembarcam despercebidos, vêm apenas recolher e distribuir missões as quais nem sempre são interpretadas e executadas como deveriam ser, e muito embora isso não seja norma, é compreensível devido a nossa falta de conhecimento, porque somos uma casa em construção, e a maioria de nós não enxerga a necessidade dos reparos.

Os retalhos da vida continuarão voando no universo e nenhum deles vai parar em lugares desproporcionais à sua existência. É aceitável que existam reclamações e comparações no que se refere às diferentes formas de viver, mas se ficarmos atentos veremos que o mundo inteiro se veste de diferenças. Ninguém sabe ao certo o que acontecerá, aqui é apenas mais uma sala de aprendizagem onde a maioria ainda não aprendeu a identificar a diversidade de cores e tamanhos dos retalhos da vida.

Somos alunos teimosos, parece que quanto mais lições recebemos, menos queremos aprender, depois não podemos reclamar dos nossos resultados ou procurar desculpar-se, se a gente tiver coragem de olhar o que precisamos ver, talvez seja possível ver os retalhos da nossa vida.

CRIANÇAS MIMADAS

Crianças mimadas sofrerão muito mais do que as preparadas para a realidade do mundo, quem ama dá carinho, educação e limites. Sem esses três requisitos básicos, estaremos criando pessoas acostumadas apenas com o seu próprio jeito e seu próprio tempo, e o mundo é bem diferente. É necessário saber usar o não e o sim, são exatamente eles que fazem o equilíbrio na maioria das vezes.

O não sem explicação ou convencimento, para depois da negativa retroagir devido aos constantes apelos emocionais, age contra a formação de valores essenciais para que o mundo seja proporcional na qualidade de vida.

Crianças mimadas formarão os próximos blocos de arrogantes e pretensiosos que pensam que o mundo tem obrigação de servi-los, esse distúrbio é uma herança nefasta de quem as criaram com concessões exageradas e sem responsabilidade social, associados a um conservadorismo devastador que, por muito tempo, vestiu-se de moral, no entanto, sempre foi uma forma de opressão. O carinho e a atenção de pais e avós não serão eternos, com o tempo outras pessoas farão parte de suas vidas; sogras, cunhados, parentes, colegas de trabalho, o universo das faculdades e suas múltiplas culturas, e aí surge um complicador: saber lidar com as diferenças sem ignorar que cada pessoa é um mundo.

Precisamos preparar as nossas crianças para serem fortes psicologicamente, sabendo que vão cair várias vezes, em algumas delas haverá uma mão para erguê-las, mas com o passar do tempo precisarão levantar-se sozinhas. Deixar claro que amar nem sempre é consentir, divergir e orientar é uma forma de amar, por vezes um processo doloroso, mas necessário. O mundo está dividido entre os que compram ou vendem lenços, fazemos parte das duas experiências, mas precisamos escolher um lado, eu prefiro vender.

Somos responsáveis pelas nossas criações, então vamos fazer direito, assumir responsabilidades e não delegar a outros algo que é da nossa competência, isso é disciplina. Super Mimo é um personagem que atrapalha, não podemos criar pessoas melindrosas, fracas, dependentes, arrogantes, agressivas, e sem a noção exata de direitos e deveres, por isso amar é essencial.

FORA DE ÓRBITA

O planeta carrega consigo um enorme peso, como se não bastasse o crescimento populacional de forma desproporcional à qualidade de vida, existe um peso extra que arrasta o planeta para um buraco negro. As energias negativas estão quebrando o equilíbrio e o mundo desaba em queda livre, os reparos que o tempo pediu que fizessem, a sociedade não deu a devida importância, mesmo que uma minoria ainda resista bravamente, tentando amenizar tanto sofrimento, o bloco dos que ignoram é enorme. Sabemos que desde o começo, fala-se em luz e trevas, e se antes ainda existia temor sobre um possível inimigo entre nós, hoje ele tem lideranças e seguidores que não se importam em serem identificados. Pelo contrário, assumiram identidades sinistras e seguem insensíveis, esquecendo os valores da vida e colocando a Terra fora de órbita.

Por várias vezes o universo já ligou um alerta e retirou, em números massivos, habitantes desse planeta, no entanto, os sobreviventes, aprenderam pouco e em vez de procurarem evoluir positivamente, muitos estão batendo de frente, tentando medir forças. A humanidade continua vestida de ignorância e medo, até quando terão paciência com a gente? O caminho do bem é estreito porque nos leva ao lugar certo, o do mal é largo porque nos leva a qualquer lugar, é mais convidativo. O universo tudo vê, não se iludam, não exige que a gente seja santo, porque nos colocaram na terra e não no céu, mas nos mostra a necessidade de evoluir, respeitando direitos e valores de forma natural.

O mundo está na contramão, os infratores procuram as mídias para se tornarem famosos e ignoram o direito de igualdade, se julgam os melhores, sem atentarem para as regras universais de amar uns aos outros como a si mesmo. Estamos vivendo momentos desafiadores, inimigos invisíveis e infalíveis dizimando a terra mais uma vez, outro alerta que, possivelmente, ficará igual aos outros, sem atenção. Levarão na brincadeira e continuarão a desafiar a lógica. A Terra está ficando fora de órbita, um dia, que nem eu nem ninguém sabe quando, vão reconstruir o planeta. Talvez dividam em dois e, com o livre arbítrio, cada pessoa vai poder escolher o lado que quer ficar, afinal quem é amor não oferece dor, mas antes que esse dia chegue, vejam com calma em que lado do planeta querem ficar, dessa vez será definitivo, luz e trevas em mundos diferentes, a escolha é nossa.

O QUE É SER FELIZ

O que é ser feliz? Muitos de nós temos a falsa impressão que ser feliz é ter tudo o que queremos, possivelmente esse seja o principal motivo de nossa infelicidade. O nosso insaciável universo de desejos transforma a nossa paz em ansiedade e tira da gente a alegria, algo vital para a felicidade que tanto precisamos e buscamos.

Atualmente, o ato de consumismo nos coloca em confrontos diretos entre ser feliz ou ser importante. Quantas pessoas fogem de suas reais características para representar um personagem que não lhe faz bem, e quando fazem essa escolha tentam preencher o vazio criado por tal comportamento. O que é ser feliz? Ninguém tem a resposta exata para essa pergunta, mesmo porque, na maioria das vezes, quem apresenta uma fórmula não passa de outro infeliz.

Existem muitos caminhos que poderiam nos conduzir à felicidade, mas a maioria são labirintos com inúmeras armadilhas e acabamos nos perdemos dentro deles. Será que alguém já parou para pensar que, involuntariamente, contribuiu com o seu próprio infortúnio? Mesmo que a resposta seja sim, grande parte não vai admitir e vai tentar justificar seus momentos de infelicidade. As nossas escolhas potencializam o resultado do que somos. Sorte e destino, mesmo que sejam questionados por alguns filósofos, não podem ter seus aspectos ignorados, a gente sabe da existência de outros fatores que influenciam nossas vidas, e por mais sensatos que possamos ser ao fazermos nossas escolhas, isso não nos exime de erros.

Imaginemos o seguinte: nos desgastamos e ficamos furiosos com algum tipo de injustiça divulgada nas redes sociais, inveja, abandono, traição, preconceito, ou algo que ao nosso julgamento deveria ser diferente, uma onda de desconforto cresce dentro da gente e nos faz infeliz. Será que se tivéssemos mais sabedoria e equilíbrio para identificar a veracidade da notícia e, antes de sair comentando e divulgando, olhássemos próximo a nós mesmos se alguém carece de algum apoio e pudéssemos ajudar? Essa atitude nos daria mais conforto e estaríamos contribuindo anonimamente para que as pessoas fossem mais felizes. Uma pessoa tinha quinze mil seguidores em uma rede social, postou que estava doente e precisava de ajuda para comprar um remédio, quatro pessoas curtiram e duas ofereceram ajuda. Às vezes, a nossa carência de aparecer expõe a nossa deficiência de ser.

O que é ser feliz eu não sei, mas quem quiser ser continue procurando nas coisas simples da vida, não crie expectativa exagerada e evite querer ser mais importante do que os outros. Agora uma dica muito difícil: procure sorrir, mesmo que o universo esteja contra, talvez seja só um teste de resistência, procure sorrir, seque a lágrima com um sorriso. Mais vale ter um amor para lembrar do que não ter saudades para chorar. Continue procurando a felicidade, o que é ser feliz eu não sei, mas tenho uma certeza: o excesso de querer é um portal para a infelicidade.

O VELHO E O TEMPO

O velho e o tempo formavam uma parceria invejável até o dia em que o tempo mudou. Sem avisos e muito menos uma explicação, revirou a vida do velho e se afastou, confirmando a teoria de que as aparências enganam. Depois disso, o encanto da amizade foi quebrado, um tornou-se insensível e o outro vulnerável.

O velho começou sua busca incessante para encontrar o antigo parceiro e este, por sua vez, continuou esquivando-se do encontro. O primeiro foi ao vale de saudade procurar o poço dos sonhos e pedir que o tempo lhe respondesse algumas perguntas. Lá, em vez de moedas, as oferendas eram lágrimas, só depois vinham os pedidos.

De tanto insistir, uma noite foi atendido, de dentro do poço dos sonhos saiu um gigante e, com uma calma impressionante, perguntou: que queres de mim, por que me chamas tanto? Quero saber por que o tempo me abandonou, estava tudo indo muito bem até ele resolver bagunçar minha vida. O gigante então se curvou para ficar bem visível e, com um olhar gélido falou: quem é você no universo para questionar o tempo? Por acaso já esqueceu os momentos bons de sua vida? Não me lembro de ter reclamado deles.

Esse é um problema sério e complicado de resolver, reclamam facilmente e dificilmente agradecem. As flores que hoje perfumam os jardins um dia já foram sementes, e tiveram que morrer para nascer novamente em terras diferentes e distantes, foram arrancadas de seus galhos ou levadas pelo vento. Suas ausências foram sentidas, mas nunca se perderão porque o universo é consciente. Falam do tempo, seja ele ruim ou bom, mas esquecem da gratidão e nem sequer procuram entender que nada pode ser eterno.

Eu sou um andarilho do universo e conheço quase todos os seus encantos, e você? Por quantos portais já passou? Vários, é claro, felizmente não lembra. Ainda precisa de mim, nem que seja o suficiente para aprender comigo sobre a vida. Seja grato, não me culpe por nada. Olhe em volta e veja o que continuo lhe ofertando, não vou ficar explicando o que você não está apto para entender, nos veremos várias vezes ainda, nas estações do imensurável universo, até lá, olhe ao seu redor e lembre-se: para sentir o perfume das flores não precisa arrancá-las dos galhos, deixe-as morrer para poder renascer.

SOBRE A EXISTÊNCIA DE DEUS

Sobre a existência de Deus ainda são muitos os questionamentos, pessoas famosas e influentes que duvidam Dele e de Suas criações. Jack Nicholson, certa vez, disse o seguinte: não acredito em Deus agora, mas sinto inveja de quem tem alguma fé. A palavra agora nos deixa esperança de que, futuramente, ele venha a acreditar. Há alguns anos cheguei do trabalho, acessei o Facebook e me deparei com um debate sobre a existência de Deus. Senti o desejo de participar e, mesmo sem ser um estudioso, entrei na conversa defendendo a minha fé e espiritualidade.

Os participantes ficaram na condição de espectadores enquanto eu e um moço, um desconhecido, continuamos o debate. Depois de algumas argumentações pró e contra, ele perguntou: você tem certeza de que Deus existe? Sim, respondi. Então faz o seguinte, manda uma foto dele para eu saber de que jeito ele é. Perguntei: o vento existe? Claro que sim, respondeu. Então manda uma foto do vento, que eu lhe mando a de Deus. Ele desconectou e nunca mais reiniciou a conversa.

Respeito todas as pessoas que duvidam da existência de Deus, mas continuo firme no propósito de que Ele é o dono de tudo. Certa vez, um homem sofreu a perda de seu filho mais novo, que morreu afogado, a dor foi forte demais e ele perdeu a vontade de viver. Todos os dias pedia que a morte o levasse, nada mais lhe interessava. Em um dia chuvoso, daqueles em que a saudade tira para revirar o passado, o homem desesperado clamou pela morte várias vezes.

Bateram no portão e ele foi ver quem era, abriu e viu uma senhora idosa protegida por uma capa escura. Pronto cheguei, venho atender seu chamado, demorei porque ando muito ocupada.

Quem é a senhora? Não a conheço. Permita-me apresentar-me, sou a Morte. O homem começou a rir e falou: entre, está chovendo muito, tomaremos um café e conversaremos. A senhora acomodou-se em um sofá e o homem comentou: então você é a morte, pode mostrar a sua foice? Não estou aqui para cortar madeira, vou atender ao seu pedido, mas antes preciso saber por que quer morrer.

O homem perguntou: Deus existe? Sim, Ele é o dono de tudo. Quando o viu pela última vez Ele ainda estava dormindo? Ele não dorme, respondeu a morte. Saiba que enquanto o senhor chorava e acusava Deus, Ele enviou um anjo para receber seu filho no portal da vida. A humanidade é pequena demais para entender os projetos do criador. Aqui falam o que vão fazer e às vezes nem conseguem cumprir as promessas, Deus não precisa avisar o que vai fazer, porque faz perfeito o que aos olhos do homem é defeito. Vou cancelar seu chamado, precisa de mais tempo para aprender um pouco mais.

Levantou-se e, já no portão, olhou para o homem que continuava sentado e falou: deixe as flores em seus galhos se quiser sentir o perfume. A humanidade ceifa vidas, provocam dores e esquecem que pertencem ao mesmo universo. Um dia voltarei, não quando quiser, mas quando Ele determinar ou permitir. E quando acontecer, continuarão sem entender e perguntando por quê. Deus existe, mesmo se você não acreditar Nele, Ele acredita em você.

OS FANTASMAS DA CASA ABANDONADA

Os fantasmas da casa abandonada continuam procurando seus donos, sem saberem ao certo o que aconteceu ou se ainda voltarão, continuam circulando na esperança de ouvir outra vez as vozes daquelas pessoas. Já faz muito que se afastaram, a saudade dos sorrisos e das conversas em voz alta, os testemunhos das aventuras e desventuras, os abraços e as velhas músicas. Um rouxinol ainda continua cantando no quintal, mas ninguém o imita mais, qualquer dia deixará de visitar os frechais, pois está perdendo a esperança.

O vento frio da madrugada procura os lençóis e os corpos que durante tanto tempo visitou, mas não há leitos nem pessoas, então toca as paredes tentando sentir pelo menos os antigos perfumes, tudo em vão, até as paredes estão diferentes, sentindo-se abandonadas. No jardim, os grilos já não têm mais para quem cantar, já não existe aquela brincadeira de cantar e parar quando alguém se aproximava.

Os fantasmas da casa abandonada ficaram lá, a casa ainda existe, e eles aguardarão os antigos ou novos moradores. Nenhuma casa ficará sozinha, a energia que existe nela é um mistério, e mesmo que o cinza da saudade a cubra como lençóis brancos em cima dos móveis, o tempo resolverá no momento certo.

Assim também é a nossa casa interior, a qual muitas vezes abandonamos para priorizar novidades efêmeras e nos descuidamos, depois, quando ela já está toda deteriorada e sofrida, queremos fazer o reparo, o que nem sempre é possível porque o destino não permite mais.

As cadeiras vazias, a falta do som dos talheres denuncia o abandono, o cheiro do café e o aviso que o almoço está pronto não pode mais ser escutado, já não tem ninguém. Antes que a nossa casa fique assim, vamos dar uma olhadinha nela todos os dias e valorizar o muito que temos, porque depois, chorar não resolverá.

Os fantasmas da casa abandonada sentem a nossa falta, a nossa imperfeição não é nenhuma novidade, mas para eles podemos sim, ser bem melhores do que somos. Um dia quem sabe os armadores voltarão a ranger nas paredes, os rouxinóis farão seus ninhos nos frechais e ouviremos outra vez os piados dos filhotes.

Em nossa casa espiritual, os fantasmas são frequentes e aqueles que tentam se excluir dessa verdade, geralmente são os mais visitados. Volte a amar e cuidar da sua casa interior, não permita que desmorone. Não tenha medo dos fantasmas, eles são as nossas companhias mais leais e, independentemente de qualquer coisa, nunca nos abandonarão, riem ou choram com a gente sem se importarem com o que possuímos, mas sim, com o que somos.

OLHANDO ALÉM DA ESPERANÇA

O brilho dos olhos foi vencido pelo tempo, cedendo lugar ao cinza da desilusão. As pernas cansadas de correr para encontrar o nada, e agora apenas a certeza de que os sonhos se perderam no passado. Fala apenas de saudosas memórias, alimentando-se de lembranças, o tempo, por sua vez, não se lembra dele nem de ninguém, segue majestoso e intocável sem se importar com quem está olhando além da esperança.

O corpo curva-se reverenciando o tempo, suas histórias se perdem no vazio de quem finge escutar, e assim nos perdemos em labirintos gigantescos e quando encontramos a saída, já não tem mais sentido, pena que quando enxergamos essa realidade já perdemos as forças. Um homem olhando além da esperança perdeu o contato com a felicidade, mesmo assim sorri, canta e fala que está tudo bem, não pode transparecer que foi vencido, se o fizer, já pertence à inexistência.

E mesmo olhando além da esperança, continuam guerreiros, muitas vezes na sala em uma cadeira de balanço, ou caminhando, apoiando-se em uma bengala, seu espírito ainda tem a magia do conhecimento e pode ser útil. Não deixe de olhar quando não puder mais ver, encontre um tempinho para voltar ao passado, olhe nas rugas que marcaram a face e nunca separe seu mundo do tempo. Não se envergonhe das palavras erradas, e muito menos do mapa que o tempo desenhou. A juventude e a velhice são dependentes uma da outra, tentar separá-las é um grande erro.

Somos tolos em pensar no que o tempo nos reservará, sempre seremos o antes e o depois, a grande diferença é que algumas pessoas pelo menos pensam nisso enquanto outras ignoram que o dezembro olha para o janeiro e vê que já está distante. É tempo de amar, abraçar e viver cada momento. Vem aí o Dia dos Pais e o maior presente continua sendo o carinho. Não perca essa oportunidade, depois não podemos reclamar do tempo que foi curto ou já passou, vai passar mesmo.

O olhar distante representa quem perdeu a esperança, agora vem a certeza que ser feliz já não faz parte de um sonho, e só acontecerá no caso de um milagre. Mas milagres existem, alguns nós os fazemos, o milagre do amor, por exemplo, e é de amor que a humanidade está carente, esse sim, é o maior tesouro da terra.

EM CADA OLHAR, UM UNIVERSO

Em cada olhar, um universo, e nós apenas andarilhos do tempo envolvidos com o nosso próprio mundo, desordenado e carente de conhecimentos. Ah, se soubéssemos o que é viver! Viveríamos muito melhor se abandonássemos o hábito de brincar de saber e seríamos mais humanos.

Somos um vazio cheio de incertezas, e em cada olhar, um universo de sonhos dos quais nem sempre se imortalizam. Mas, ao contrário do que pensamos, podemos fazer muito. A começar assumindo personagens de heróis e procurando desenvolver um mundo de esperança para aquelas pessoas que estão fragilizadas. Para assumirmos tais personagens precisamos muitas vezes da nossa própria realidade, porque também somos parte da metade que busca o todo.

Um olhar procura na infinidade do tempo um horizonte com vida favorável, mas muitas vezes se depara com o fantasma da desilusão, o grande segredo é erguer a cabeça e transformar essa visão em miragem, e acreditar que o horizonte que procuramos existe, e que vale a pena esperar para brindar a vida.

Em cada olhar, um universo repleto de esperança, mas é provável que o destino faça algumas alterações em nossos projetos de vida, muito embora esse todo poderoso do universo seja mais forte que nós, precisamos pelo menos lutar e mostrar que não vai ser fácil nos derrotar. Essa luta é tão enigmática que muitas vezes não termina aqui, exatamente para não identificar o ganhador, e esse é o grande segredo do universo, que ao contrário da humanidade, não precisa de comemoração.

Eu, você, todos nós, podemos fazer muito mais do que já fazemos e contribuir para que em cada olhar no universo se potencialize e seja favorável, vamos abraçar as causas comprometidas com a vida e procurar diminuir o individualismo. Todos, sem exceção, têm seu próprio mundo, mas nunca é demais lembrar que todos nós somos parte de um todo.

FAÇA POR MERECER

Faça por merecer, a vida é um grande mistério no qual sempre somos desafiados. Para começar, bondade plena só a de Deus, e mesmo assim grande parte da humanidade vive questionando Suas ações ou mesmo Sua existência, mas Ele acredita em sua criação. Se você faz parte dos que não acreditam que Deus existe, não tem problema, Ele acredita em você, mas tem um detalhe: faça por merecer a vida que você tem. Talvez a maioria desconheça que é diretamente ou parcialmente responsável pela vida de alguém que desistiu.

Todo mundo quer ser feliz, infelizmente, existem os que trazem infelicidade para os outros se transformando em vampiros de vidas. A humanidade está carente de coragem, não esse tipo que a maioria possui, mas uma coragem de olhar para si mesmo e encontrar suas falhas. Quem quiser viver de forma digna, faça por merecer. Muitas pessoas desistem de viver, não porque falte vontade ou força, mas sim porque não suportam mais a falta de dignidade. O mundo ficou mentiroso e traiçoeiro, dizer "eu te amo" virou banalidade, e quase ninguém assume o que realmente é, criam um mundo para si, esquecendo que os outros também são movidos por anseios.

Faça por merecer os aplausos que você procura, munindo-se de verdade e integridade. Qualquer dia, que ninguém sabe quando, sairemos daqui. Mais um motivo de fazer por merecer não voltar mais a esse planeta de expiação, que possamos ficar cada vez mais distante dessa pequenina Terra. Coragem, precisamos de coragem para ver o que somos, coragem para fazer os reparos urgentes em nosso comportamento, fazer por merecer respeito respeitando os outros. Se conseguirmos fazer isso, salvaremos muitas vidas, mas se continuarmos fingindo ser o que não somos, não mereceremos quase nada.

O PASSADO É IMORTAL

O passado é imortal e quando cometemos o ledo engano de pensar que passou, ele surge feito um fantasma em nossa frente, provando a sua imortalidade. Hoje, em nossa cultura, comemoramos a tradicional festa junina, a noite de São João. Impossível não mergulhar no passado e lembrar as tantas vezes que me diverti durante essa data festiva. Parece que o cheiro do milho assado na fogueira perpetuou-se e, junto a essa lembrança, muitas outras.

A fumaça da lenha verde misturava-se ao cheiro da pólvora queimada dos fogos e das bombas nos festejos. Eu ainda criança, às vezes parava em frente da grande fogueira tentando entender os estalos que a madeira fazia ao queimar, e pensava por que ela tinha que ser sacrificada. Os fogos riscavam o firmamento atraindo olhares, o sanfoneiro tocava "Asa branca", de Luiz Gonzaga, e com um repertório aleatório animava a festa.

Eu olhava os casais dançando ou namorando e só pensava em ser adulto, mas muito antes disso, uma linda morena com cheiro de alfazema me deu um beijo na face. Eu não sabia quem tremia mais, minhas pernas ou as flores do cajueiro embaladas pelo vento, só sei que nunca esqueci. Naquele tempo eu não sabia o que era a vida, imaginava que seria eterna aquela felicidade. O tempo passou e pelos caminhos da vida fui seguindo, seguindo, até me deparar com a realidade da vida com a qual o destino nos presenteia, e depois nos tira, sem dar explicações.

Os anos passaram e hoje, mais forte do que as faíscas que o vento soprava na fogueira, é a minha saudade. O passado continuará vivo, mas vou escolher lembrar dos presentes que o destino me deu e agradecer para não ser ingrato com ele. Fico na dúvida se a madeira na fogueira chorava ou cantava, afinal, se não tivesse queimado, sua fumaça não chegaria às nuvens, mas uma vez o destino, no seu infinito segredo, ficará responsável pela resposta.

Do tempo em que eu não sabia nada sobre a vida e o agora, tenho uma certeza: o passado é imortal. Vou seguindo sem saber como, até quando e muito menos para onde, mas jamais vou esquecer ou ignorar as dádivas que recebi, mesmo porque a ingratidão é típica daqueles que não têm sentimentos. Sou grato pelo passado e pelo presente, entre sonhos e pesadelos vou seguindo. O tempo é Dele, tudo é Dele, quem sou eu para questionar o que ele fez, se eu não sei nem quem eu sou?

AS LÁGRIMAS DE EULÁLIA

As lágrimas de Eulália banhavam sua face enrubescida, a surpresa pelo que acabara de ouvir tinha lhe deixado atônita. Precisamos dar um tempo até eu ter certeza se gosto ou não de você, ele dissera. Ora, depois de tantos momentos marcados por belas palavras e juras de amor, não era isso que ela esperava, principalmente após um filme romântico, com direito a trocas de pipocas e beijos sufocantes.

O rapaz disse até logo, saiu e nem olhou para trás. As lágrimas de Eulália mancharam a linda maquiagem, especialmente produzida para aquele encontro, mas ela ergueu a cabeça, respirou e engoliu o choro, chamou um táxi e parou em uma praça próxima ao shopping de onde estava, sentou-se em um dos bancos e ficou olhando as estrelas. Rapazes que passavam tentavam cortejá-la, mas ela não os via, estava mergulhada no mundo das lembranças.

Parada e pensativa, nem percebeu que já era meia-noite. O sino da paróquia soou doze badaladas, ela olhou em volta e a praça já estava deserta. O sereno da madrugada começou a molhar a noite, e algumas minúsculas gotas geladas acomodaram-se em seus cílios, misturando-se aos vestígios das lágrimas. Decidiu ir embora, quando se levantou, viu à sua esquerda uma jovem recolhendo as mariposas que se chocaram nas lâmpadas.

Um pouco sem graça perguntou: o que vai fazer com elas? Levá-las para viver novamente, disse a jovem. Aqui na Terra a maioria só consegue enxergar o que lhe interessa, quando o sol raiar pisarão nelas, mesmo que ainda estejam vivas, olharão apenas para as borboletas coloridas. Mas elas não conseguem mais voar, como viverão? Perguntou intrigada, Eulália. Eu irei levá-las para um mundo onde a vida nunca acaba. E onde fica esse mundo? Quis saber, Eulália.

Onde o amor e a verdade não permitem mentiras e ódio, afirmou, tranquilamente, a jovem.

As lágrimas de Eulália voltaram, seus pensamentos lhe envolveram nas frases de seu ex-amor, tudo mentira, pensou ela. Colocando a mão sobre a jovem desconhecida, perguntou: você é uma bruxa? Sou uma fada viajante no tempo, estou só de passagem. Leve-me para seu mundo, pediu Eulália. Você estará nele no tempo certo, aqui é apenas uma das tantas estações que visitamos, mas além daqui existe um mundo com vida que você merece, Eulália, seque suas lágrimas, quem precisa chorar é quem se divertiu com seu sentimento.

CUIDE DE SUA VIDA

Cuide de sua vida. Até pouco tempo, falar isso poderia parecer um insulto, mas hoje pode soar como uma frase de autoajuda. Cuide de sua vida e tenha a certeza de que estará contribuindo para um mundo melhor. Cuidar da nossa vida é um grande passo que damos para encontrar a paz, e quando isso acontece, somos luz para nós e para os outros.

O amor é um sentimento multiplicador quando amamos, quando sofremos, todos os que nos amam sofrem junto, portanto, cuide de sua vida para poder viver. Comece identificando o que realmente precisa, ou se apenas seu desejo ilimitado é chegar aonde você não precisa, e busca isso desesperadamente para que os holofotes do mundo lhe deem um *clic*.

Muitas vezes somos apenas sonhos, e esses sonhos se transformam em pesadelos devido à nossa insensatez. Lutar para conseguir alcançar objetivos é mais que normal, existem muitos que vivem com quase nada, já outros vivem com excesso e têm mais do que precisam. Sabe, a nossa maior infelicidade é, involuntariamente, viver a vida alheia. Cuide de sua vida, se fizer isso verá o quanto já conquistou, em muitos casos chegamos muito além do que pensávamos e não enxergamos isso. Carregamos um peso desnecessário por olharmos apenas para a linha de chegada e nos esquecemos de ver o quanto já avançamos.

O mundo está doente. Triste, ansioso e depressivo, culpam o fim dos tempos e o apocalipse, podemos não descartar esse fator, mas a humanidade está esquecendo um fundamento básico para viver com mais harmonia, estão esquecendo a simplicidade e enchendo-se de ansiedade e, consequentemente, de depressão. Ninguém sofre porque gosta, mas se a gente tivesse um maior controle sobre os nossos desejos e expectativas, sofreríamos menos.

Cuide de sua vida, procure entender que status e dinheiro não formam as colunas do tempo, e a busca alucinada para acompanhar os outros nem sempre trará o benefício que esperamos. Não podemos voar nas asas de Ícaro. Precisamos evoluir, mas dentro de limites suportáveis e esquecer a infeliz frase de que querer é poder. Nunca foi e nunca será. Não crie expectativas exageradas, isso só vai trazer ansiedade, que de mansinho vai nos destruindo. Cuide de sua vida, não é fácil, mas necessário. Não pedimos para cruzar os braços e esperar pela sorte, lutar é preciso, mas cuide de sua vida.

NOS BRAÇOS DA ILUSÃO

Nos braços da ilusão muita gente passa a maior parte da vida e quando descobre tenta largar de uma vez, esquecem que um casamento, mesmo depois de desfeito, ainda fica um laço em volta e é preciso tempo para que ambas as partes se reorganizem. O grande problema é a diferença entre parecer e ser, a ilusão tem o dom de hipnotizar, fazendo cada um escravo de seus caprichos.

Às vezes, bem melhor que os olhos é o coração, porque não vê, sente. Sentir pode ser uma espécie de premonição verdadeira ou fantasiosa, caímos na mesma rede da ilusão, onde o que parece ser uma tempestade de amor, não passa de uma chuva de verão que só aumenta a temperatura, mas sequer molha o chão.

Nos braços da ilusão, somos apenas brinquedos sem importância, temporários, descartáveis e insólitos. Cruze os braços e fique só para não sofrer, solidão é mil vezes melhor que ilusão, para evitar as duas ame a si mesmo antes de tudo, sinta toda mágica do verdadeiro amor, e quando acontecer, saberá amar de verdade, sem as máscaras tão conhecidas e constantemente usadas pelos falsos amores.

Encontre-se em você e pare de tentar conhecer a si mesmo, essa é a receita para construir um amor autêntico, elimine de seu eu todo e qualquer sentimento de vazio e de carência, transforme o egoísmo em solidariedade e compartilhamento do bem. Se souber o que é dor, evite causá-la, encontre a cura dentro de seu coração, interagindo com a sua consciência e fazendo do seu mundo um mundo bom. Chore se quiser, ou cante se estiver feliz, mas não utilize esses sentimentos de forma dissimulada, porque o prêmio virá e cairá nos braços da solidão.

Mergulhar em pessoas rasas causa afogamento, não vale a pena nem se molhar, é melhor ficar olhando as nuvens, o universo é imenso e misterioso e quando menos esperamos acontece, por isso é aconselhável abraçar a verdade do que se perder nos braços da ilusão.

Lembro-me de uma cena que presenciei quando trabalhava como gerente de uma loja. Há poucos metros de onde eu estava, avistei um casal jovem, aparentemente vivendo os primeiros desafios de um relacionamento, por algum motivo real ou imaginário e indiferente a tudo e a todos, pareciam estar em conflito, o emocional muito aflorado. De repente, como era esperado em cenas como essa, as lágrimas surgiram como pequenas fontes, ganharam força e chegaram aos lábios, molhando um sorriso sem graça.

Impossível não sentir o gosto do sal, um misto de dor e desespero ficou estampado na face. Se de um lado a moça parecia segura e decidida, por outro o jovem tentava amenizar a situação. Segundos depois houve uma inversão, agora ela estava de cabeça baixa, os olhos pretos mergulhados nas piscinas naturais da dor. Refez-se rapidamente e reassumiu o controle. Um anjo me avisou que apenas olhar não adiantaria em nada, pensei em oferecer uma garrafa com água gelada, mas vi que na mochila dele tinha uma quase cheia.

O desejo foi ficando incontrolável. Já fui jovem e sei o quanto doem as palavras que não queremos ouvir. Às vezes, o não é um punhal agudo que corta a alma. O tempo passava rápido, precisava fazer algo para ficar em paz com a minha consciência, e o mesmo anjo avisou que o casal ia embora logo e eu perderia uma grande oportunidade de pelo menos tentar ajudar.

Faltavam cinco minutos para fechar a loja e tomei uma decisão. Peguei um marcador de páginas do livro “A Vida e seus Segredos” e escrevi uma mensagem no verso: às vezes precisamos dar uma pausa em nossas emoções, só assim entenderemos os verdadeiros sentimentos. Aproximei-me, pedi permissão e deixei a mensagem em cima das mochilas que os separavam, fiquei bem melhor, não suporto lágrimas.

NASCENTES E CORRENTEZAS

Nascentes e correntezas sofrem com um processo de dependência dos quais nunca se libertarão. O rio existente em cada pessoa faz dela um berço de afluentes que vão desaguar a qualquer momento, se essas correntezas forem caudalosas ou mansas, vai depender muito de sua fonte de origem. Muitos rios já secaram porque desmataram as suas margens diminuindo sensivelmente a proteção que existia. Na humanidade, está acontecendo o mesmo problema, estão desprotegendo com o excesso de individualidade e permitindo que aos poucos os afluentes dos nossos rios pessoais sequem. Como diz a música da cantora Céu: "As lágrimas que tu não chora, iaiá, se escondem num rio dentro de tu".

Para muita gente, o status está em primeiro e o amor em segundo plano, pobre humanidade, escassa de conscientização. A tecnologia que chegou para facilitar a vida está transformando pessoas em máquinas, esqueceram que as nascentes e correntezas nos ensinam sobre adversidades a níveis assustadores e nem por isso deixam de abastecer lagos e rios, é a consciência falando mais alto. E quanto a nós, desistimos de ser solidários, ou ignoramos que enquanto alguns são grandes rios, outras pessoas são pequenos lagos. Secaremos também se ficarmos pequenos demais, precisamos abrir os braços e o coração, abraçar e amar quem já parou na beira do caminho.

Somos todos afluentes e efluentes, que tal influenciar de forma positiva e acreditar no poder de absorção de nossas ações? É bom lembrar que grandes reservatórios de água já foram gotas de chuva, sozinhos não seremos quase nada, mas se dermos as mãos e assumirmos um compromisso solidário, muita coisa pode mudar. Comece por você, nem precisa anunciar que fez, alguém vai perceber.

Antes de erguermos a cruz e pegar pregos e martelo, olhar para dentro de nós e ter a coragem de ver que nossos rios e correntezas já não têm a mesma força, não assusta. Assustador e tenebroso é não ver o que é preciso e ignorar as leis universais, estamos no mesmo eixo, noite e dia é apenas um detalhe e ninguém está imune ao tempo.

MUDANÇA DE HÁBITO

Mudança de hábito, uma atitude que pode trazer benefícios para todos. O comodismo trava não só o nosso desempenho, mas principalmente a nossa vida. Não precisamos de dupla personalidade, o essencial é anotar o que repetimos com frequência e, de uma forma lógica, começar a modificar algum comportamento que já não oferece resultado de impacto ou crescimento.

No âmbito pessoal e profissional, uma mudança de hábito significa progresso. Imaginem se em uma vitrine estiverem expostos sempre os mesmos produtos, com o passar do tempo nem os próprios funcionários olharam para ela, torna-se obsoleta. Mas se tivermos o cuidado de promover mudanças, nem que sejam mínimas, mas possíveis, com certeza ficará mais atrativa.

Assim também é na vida, primeiro que o mundo em si vive em constante mudança de hábito, não tem nenhuma explicação para ficarmos parados no tempo. Quando começamos tais ações, as pessoas mais próximas vão observar e com certeza farão divulgação, por isso é preciso sabedoria. As mesmas palavras, os mesmos gestos, os mesmos comportamentos tendem a desgastar a nossa imagem.

Não mude para agradar ninguém e, se o fizer, analise com muita calma para ver se realmente compensa, nada de fazer por impulso, quase sempre isso dá errado. Faça isso de forma gradativa e sem alarde, quando os menos observadores se derem conta, já teremos evoluído bastante. Mudança de hábito abrange por completo a nossa vida, saúde, relacionamento, desenvolvimento pessoal e profissional, e até mesmo amor.

Mas é bom lembrar que a mudança de hábito deve acontecer sem ferir os direitos alheios e, principalmente, de forma ética, para não querer ou exigir que a outras pessoas nos acompanhem num projeto que é nosso, vamos fazer a nossa parte de forma consciente e assim motivarmos os outros.

O GRANDE SALÃO AZUL

O grande salão azul foi uma visão extraordinária que me ocorreu por alguns segundos apenas em que consegui me livrar dos pensamentos sobre o mundo e pensar no Pai criador de todas as coisas.

Senti-me subindo e ficando a uma altura muito acima das nuvens, vi um grande salão transparente e iluminado por uma luz azul que vinha da parte externa. Muitas pessoas vestidas de branco e sentadas no piso do grande salão azul, consegui vê-la, ela era a quarta pessoa entre as primeiras, o queixo apoiado sobre as mãos cruzadas, estava concentrada no que um homem falava.

O homem de pele e olhos castanhos escuros, vestindo uma roupa branca parecendo uma batina. Cabelos também escuros e uma barba grande, um pouco inclinada para frente, falava a todos como se estivesse explicando alguma coisa. Braços abertos na altura da cintura, com olhar fixo e penetrante. Além dos olhares dirigidos somente a ele e com todo o silêncio existente, não consegui ouvir uma só palavra.

Seu semblante sereno expressava paz e seus olhos pareciam falar. Mesmo impressionado com tudo que vi, não pude esquecer seus chinelos de couro e o cabresto com as pontas cruzadas e salientes. O grande salão azul iluminava os olhos de cada um dos que estavam presentes, parecendo pequeninas estrelas bem distantes. Olhei novamente para a sua face e depois um último olhar para os seus chinelos de couro, mas as pequenas tiras cruzadas que formavam o cabresto dos chinelos, não sei explicar o porquê, mas não consegui esquecer.

Foram apenas poucos segundos em que consegui me livrar do mundo, e sem explicação, consegui enxergar esse grande salão azul. Fico pensando, cada um de nós pode receber uma graça tão grandiosa com apenas um pouco de fé e a certeza da existência divina.

O CÁLICE DE ÉLPIS

O cálice de Élpis continua cheio, guardado em um grande labirinto, para encontrá-lo é preciso prudência e perseverança, caso contrário a busca será em vão. A deusa da esperança continua viva e atuante, no entanto, muitos desconhecem que esse labirinto está dentro de cada um de nós, e esperam que o todo poderoso tempo revele o cálice de Élpis.

Todos nós precisamos de esperança, se deixarmos de acreditar que conseguiremos os nossos objetivos, encontraremos o atalho mais curto para abraçarmos a derrota. Mas não é nada fácil encontrar o cálice de Élpis. Muita gente diz que tem fé e esperança, mas nem sabe onde encontrar, falar é fácil, exercer o que divulgamos ser, esse é o grande desafio.

Quem em vida já não desistiu de fazer algo por medo das críticas? Afirmam que são resistentes e lutarão até o fim, se isso fosse verdade o mundo seria outro e viveríamos as nossas experiências sem temer as rejeições.

A deusa Élpis está associada à fé e ao amor, sem isso, viver em paz e encontrar a felicidade que tanto procuramos é quase impossível. O cálice de Élpis está cheio de vida porque a esperança existente nele nutre o nosso espírito, encontre-o dentro de você, esse presente de Élpis. Embora existam os que acreditam que Deus é único, eu sou uma dessas pessoas, inclusive, acredito que Deus nos permite acreditar em algo que nos faça viver melhor, e assim, encontrando mais serenidade, chegaremos a Ele.

Para encontrar o cálice de Élpis precisamos fazer um grande sacrifício, amar. Amar não é nada fácil, porque exige que a gente saia da zona de conforto e ame o próximo. Ah, isso não é tão simples quanto falamos. Desistir dos nossos próprios desejos, ter coragem para encarar e corrigir os nossos erros, abrir mão da nossa individualidade e fazer o sacrifício para entender os outros, não do nosso jeito, mas ver os outros como eles são, e antes de condenar, pensar um pouco sobre o que é amar.

O mundo está cheio de santos que fazem milagres só para eles mesmos, se eles não existissem, os que precisam de milagres não sentiriam falta deles, o verdadeiro milagre é aquele que ajuda vidas sem olhar a quem está ajudando, mas chegar até elas com o amor que precisam. Bento de Núrsia (São Bento), em sua regra beneditina número trinta e quatro informa que é proibido resmungar. Em vez de resmungar, o ideal é procurar o cálice de Élpis e encontrar a esperança, precisamos dela para viver.

A VISITANTE

Era noite e chovia muito, os relâmpagos riscavam o céu e os trovões balançavam a Terra provocando deslizamentos e inundações. Nesse exato momento, em algum lugar, uma espaçonave sobrevoava o planeta Terra, trazendo consigo uma tarântula gigantesca com quase dois metros para desenvolver o projeto Marte. Saltou da nave no local previamente programado e foi direto para uma caverna abandonada que já havia servido de esconderijo para um robô de reconhecimento, afastou galhos e folhas que camuflavam a entrada e foi para dentro. Ao lado da caverna, um riacho bravamente rasgava a terra para alargar as margens e dar vazão às águas das enchentes. A chuva parecia não querer parar, enquanto alguns macacos-prego sofriam nos galhos das árvores com o frio que fazia, a saparia estava em festa nas grandes poças de água na beira do riacho. Um homem que voltava da roça foi surpreendido com a correnteza muito forte e decidiu esperar a enchente baixar.

O vento forte e frio exigiu que ele procurasse um abrigo, o dia estava terminando e a noite seria muito longa. A festa dos grilos, sapos, ou um piado de algum pássaro, misturavam-se ao som dos açoites do vento nas folhas, e às vezes soprava nos galhos das árvores fazendo um som melancólico e assustador.

O homem olhou em várias direções e viu uma abertura na pedra, achou estranho, passava ali todos os dias e nunca tinha percebido. Ao entrar, rompeu a teia existente na entrada e despertou a aranha gigante que, ao abrir os olhos, iluminou a caverna. Ele saiu, retornou com um pedaço de madeira e tentou agredi-la. A reação foi imediata, ela saltou sobre ele e espirrou um líquido em seus olhos, deixando-o cego por alguns segundos.

Penetrou as garras na fronte do agressor e conseguiu ouvir seus pensamentos. E em uma velocidade extraordinária viu o desespero varrendo seu cérebro, por mais que tivesse sido imprudente e violento, não era um humano dos piores. Pensava pouco nele, sua única preocupação era com a família. Aquele humano poderia ajudá-la, seus sentimentos eram diferentes, e por isso a marciana implantou nele um sensor de áudio, e jamais perderia o seu contato.

Em seguida, fez uma pergunta: que mal te fiz? Ele olhou em redor e não viu ninguém, ficou intrigado com a situação. Ouviu a mesma voz dizer: estaremos ligados até que Marte nos separe.

Ele ficou um pouco assustado e foi para casa. No dia seguinte, começou a sentir uma estranheza. Pensou em voltar à caverna para matar a tarântula gigante, esse pensamento lhe causou uma tremenda dor e ele desmaiou. O levaram ao médico, quando ele recobrou os sentidos, contou com detalhes o que havia acontecido na caverna, o doutor chamou a família e aconselhou marcar umas sessões com um psicólogo.

Dias depois, sem que houvesse nenhum progresso sobre o que estava acontecendo, ele decidiu voltar ao local onde tudo começou. Sentou-se próximo a ribanceira do riacho e perguntou: você ainda está aí? O que quer de mim? Dois enormes olhos apareceram na abertura da caverna e uma voz metálica respondeu: nunca esqueça a última frase que lhe falei, sobre mim, você e Marte, será uma longa aventura, escute e procure entender.

Desde o primeiro humano a pisar na Terra até hoje, nunca estiveram sozinhos. Relâmpagos, cometas e asteroides transportam vidas para a Terra, algumas delas se materializam em forma humana, outras em animais e entre tantas formas de vida, umas somam e outras subtraem. Falarás por mim muitas vezes, mas te protegerei. Transportei-me para preparar a Terra, o grande dia está próximo, ficarei em suas gerações por muito e muito tempo. Quando a grande nave vier até nós, muitos humanos entrarão nela, os que ficarem, não merecem ir conosco. O seu mundo já recebeu muitos anjos e demônios e deles a Terra está cheia. Vá e levante sua voz, lute contra a desigualdade e fale de esperança. Serás perseguido, julgado e condenado, mas quando a nave chegar, o bem será restaurado.

Alguns dias passaram, o homem retornava para casa, e passando em frente à praça viu uma grande tela de projeção, em destaque a fotografia de um moço de olhos azuis e de cabelos longos e loiros, e um senhor falando sobre o amor ao próximo. Em determinado momento, ele convidou alguém no meio do público a fazer uma reconciliação com Deus. O homem, mesmo cansado, aproximou-se e se ajoelhou. O outro colocou a mão sobre sua cabeça e falou: repita comigo, Eu... Imediatamente, o que havia se ajoelhado levantou-se e falou em voz alta: Eu lhe aceito, independentemente da cor de seus olhos ou do seu cabelo, não importa que seja branco, pardo, mestiço ou tão preto quanto o ébano, és tão grandioso que seu amor não tem cor que possa definir a sua grandeza. Ah, se a humanidade possuísse sabedoria para distinguir o que é amar o próximo, a madeira transformada em cruz estaria na floresta e jamais seria banhada de sangue inocente. Eu lhe aceito pela nobreza de perdoar os que lhe feriram, e pela esperança de que chegará um dia que nenhum sangue inocente será derramado, e jamais falarão em trinta moedas de prata para justificar a fraqueza de um, enquanto os demais ignoram o tão debatido arrependimento. Eu lhe aceito por chamar para si todas as crianças, e se preocupar com os oprimidos, aquele que mata o lobo, também abre a porteira por onde o rebanho passa, mas no grande dia saberemos quem se feriu para proteger os perseguidos por infâmia, injustiça e desigualdade. Eu lhe agradeço por saber que és justo, e mesmo que perante alguns humanos não sejas, tu és.

No painel já não existia nenhuma fotografia, uma chuva forte começou a cair e os relâmpagos sobrecarregam os para-raios deixando a cidade no escuro, mas talvez a maior escuridão esteja dentro dos que só enxergam as cores da pele, não conseguem ver o brilho existente em muitas pessoas e muito menos se questionam: se não protegemos a quem amamos, o que estamos fazendo na Terra? As pessoas que estavam na praça foram para as suas moradias sem entender muito bem o que havia acontecido, principalmente a voz daquele homem que não parecia ser humano.

E na escuridão em que a cidade se encontrava, solitária e fria, o homem conseguiu enxergar uma tarântula de aproximadamente três metros escalando um edifício, e quando chegou à cobertura, entrou em uma pequena nave e desapareceu.

Uma onda de violência se apoderou da Terra e surgiram muitos movimentos em prol da paz. Pessoas de branco com bandeiras brancas faziam manifestos nas grandes avenidas. Uma multidão seguiu para um estádio, e quando um funcionário estava testando o serviço de som, algo inesperado aconteceu. Uma voz forte e estridente bradou: por que as bandeiras brancas? A paz não tem cor, poderia ser o azul céu das mortalhas das crianças, o preto do luto, talvez ainda o vermelho representando o sangue derramado, ou o verde das matas, mas as simbologias nesse planeta parecem não ter limites, e estão quase sempre se desviando da origem da vida. Em breve, chegará o dia que terá muito espaço e poucos passos, tudo devido ao descaso da humanidade com as leis universais. Atraíram para si a morte quando agrediram planetas vizinhos, por enquanto só os seres microscópicos começaram a dizimar os terráqueos, mas as naves guerreiras visitarão a Terra para um acerto de contas.

Pobres terráqueos, pensam que evoluíram e estão no comando, poluíram a lua, congestionam o espaço com milhares de satélites, jogaram bombas nas profundezas oceânicas, e destruíram milhares dos nossos que lá habitavam em missões de paz, declararam guerra e agora se vestem de branco. Antes que o dia termine terão uma grande surpresa. Aconteceu um estalo forte no serviço de som que passou a transmitir só barulho do vento, alguém se aproximou e começou a discursar, informou que acontecera a invasão de uma rádio pirata, mas tudo estava sob controle e ninguém precisava levar a sério o que havia sido dito. O sol começava a colorir o firmamento quando uma nuvem de insetos escureceu a tarde, milhares e milhares caiam sobre as pessoas que, ao serem picadas, se contorciam de dor. O serviço de som entrou em ação. A dor que vocês provocaram, precisam senti-la, talvez assim consigam evitá-la. Um gafanhoto do tamanho de uma nave média surgiu no firmamento e todos os insetos voaram rumo a ele e foram acolhidos. O que aconteceu em seguida foi assustador, a Terra tremeu e por entre as rachaduras do solo surgiram alguns répteis aliviando as dores dos que sofriam, e junto a eles um lagarto que repetia a todo instante: nós voltaremos para reconstruir a Terra.

Nuvens de cor violeta surgiram no poente e em seguida uma gigantesca nave sombreou o lugar. A tarde se despediu e a noite timidamente apareceu trazendo com ela seu manto encantado. A correria das pessoas que procuravam abrigo, fizeram com que elas não vissem o que estava acontecendo, a nave parecia ter certeza de que não estava sendo observada, abriu uma das janelas e jogou milhares de pequenos cilindros que penetraram na terra e desapareceram, enquanto a visitante ficou invisível. Um homem sentado na arquibancada tentava entender qual seria o real objetivo daquela visita, olhava para a estrela Rigel, a mais brilhante de todas, na esperança de ver algum vestígio da espaçonave. A tarântula gigante surgiu ao seu lado e tocou seu ombro com uma das pernas e comentou: o show está próximo, Marte semeou os cilindros.

— E o que eles representam?

— A separação das espécies, será um longo tempo até que Marte nos separe.

O SAGUI DOURADO

Chegou a primavera e com ela uma diversidade de flores e borboletas coloriam as matas. Misturando-se a esse universo, os filhotes das araras azuis começaram a sair dos ninhos, enquanto os adultos colhiam cocos de acuri para alimentá-los. O azul contrasta com o laranja da palmeira sem vida que lhe servirá de ninho. Assim é a natureza, vida e morte caminhando juntas. Um caçador conduzindo algumas gaiolas avistou um filhote e começou a escalar a palmeira. Subiu alguns centímetros e escutou uma pessoa falar:

— Essa árvore não tem frutos.

— Mas tem ninho e dentro dele uma ave em extinção, isso me trará dinheiro.

— Estão quase extintas devido à caça predatória

O homem olhou para baixo, viu um ancião e falou:

— Velhinho, deveria estar dormindo e não me atrapalhando.

— Olhe a árvore mais alta, talvez mude de ideia.

Olhando em volta o caçador viu um buriti com quase trinta e cinco metros de altura e, na palha mais alta, um sagui dourado, degustando um fruto maduro.

Ele desceu lentamente, pegou a espingarda e mirou no animal. Pensou consigo mesmo: depois de empalhado, vale mais do que cem araras, nunca vi um dessa cor. Apoiou o cano da arma em um galho, não podia errar o tiro. Quando armou o gatilho, o sagui ergueu uma das patas e disparou um raio, derretendo o cano da espingarda. Assustado, o caçador quis correr, mas não conseguiu mover as pernas, o sagui saltou do buriti para seu ombro e falou baixinho: ficará prisioneiro de sua consciência por um longo tempo, a liberdade é uma conquista do espírito, anjos sem asas não podem voar. Muitos iguais a você voarão nas asas dos outros, ou se perderão em um mundo escuro ou se acharão na claridade do amor. Você terá muito tempo para decidir, escolha com sabedoria.

AS VOZES DA CASA

O menino Tintin, olhando para Andrômeda, fez a seguinte pergunta:

— Lá existem espíritos?

— Sim, eles são as energias que movem todo o universo, por quê?

— Você já viu algum?

— Não, mas o povo fala que eles andam entre nós.

— As energias estão em todos os lugares e se comunicam de várias formas, quer ouvir uma conversa que está acontecendo na sua casa?

Ele riu.

Ela tirou do bolso do vestido uma pedrinha e colocou na mão dele.

Em seguida, ele começou a ouvir as vozes da casa, e viu também alguns móveis em movimento. O pai dele pegou uma cadeira e a mesa começou a rir:

— Lá vem o peso! Eu, como sou madeira de lei, seguro os pratos e comida cheirosa, quanto a você, vive sendo arrastada para lá e para cá. — E soltou outra gargalhada.

— Olha só quem fala, eu pelo, menos vou para a sala, quarto, terreiro e você vive presa na cozinha.

— Nisso você tem razão, mas os pratos são mais leves, e é aqui que as conversas acontecem.

A cadeira vizinha ria que se contorcia:

— Coitada, as conversas interessantes acontecem é lá na janela onde a moça namora, a gente esquece até que tem alguém em cima de nós.

Um pedaço de marmeleiro, próximo ao fogão, pediu para que parassem de discutir. A mesa retrucou:

— Não se misture, você vai já arder no fogo.

— Isso é verdade, vou ser queimado, vou virar cinza, e depois viajarei nas asas do vento, serei livre novamente. Tenho pena é do machado, já ouviu tanto lamento do lenhador, que preferia ser jogado na água, melhor a ferrugem destruindo-o do que ouvir tanto sofrimento.

Ao lado, uma cadeira de balanço se balançava sozinha, cantava baixinho e chorava:

— Saudades de alguém que durante muitos anos murmurou ao meu lado seus sonhos, depois que ele se foi, nunca mais olharam para mim com um sorriso, sinto saudades, muitas saudades.

Ela pediu a pedrinha de volta.

— Agora vão falar do passado, eles também sofrem suas desventuras. Depois, algum dia, ouvirá as paredes, é muito novo ainda e não está preparado para ouvir a voz das dores. Eu queria apenas lhe mostrar que todas as energias são renováveis, e nenhuma delas se perderá no tempo, enquanto reflete sobre isso vou lhe contar uma história.

O PESCADOR E A SEREIA

Era uma vez, a tarde estava muito fria, e um vento quase gelado soprava sobre a pequena vila de pescadores. As taperas cobertas de palhas suportavam os açoites das tempestades, aparentemente frágeis, mas eram resistentes às correntes de ar que arrastavam a areia. As ondas altas e escuras não seriam obstáculo para quem nasceu e cresceu na vila pesqueira, assim que a chuva diminuiu o pescador jogou o pequeno barco no mar. Inutilmente, jogou a rede várias vezes, mas o mar não estava para peixe, então decidiu voltar, improvisaria o jantar e voltaria a pescar no dia seguinte.

Recolheu a rede e, ao limpá-la, encontrou um pequeno livro com o desenho de uma sereia na capa, colocou no bolso e levou para a filha ler para ele o que estava escrito. Era filho de um pobre pescador e nunca teve acesso à escola, mas sua pequena já sabia ler, ele se orgulhava disso.

Abraçou a esposa e a filha, sorriu e falou: o deus do mar guardou o peixe, pegue a cabeça dessa barracuda e faça um caldo para gente jantar, amanhã será outro dia.

— Jandira, eu encontrei isso na rede, pode ler para mim?

Assim que a menina pegou no livro, olhou para o pai e pediu que ele fosse devolvido ao mar, era de uma sereia, não era justo ficar com eles.

O homem olhou para ela e sorriu:

— Filha, as sereias não existem, são histórias de pescadores.

— Papai, a praia é tão perto, por favor, volte e jogue o livro no mar.

— Amanhã ela não vai ler durante a noite. — E deu uma gargalhada.

A pequena esperou o pai dormir e assim que ele começou a roncar de cansaço, ela foi ao mar devolver o livro, entrou na água e chamou por Parténope, o nome que estava escrito na capa. Avançou um pouco mais e, já com água na cintura, chamou Parténope novamente, mas um monstro marinho chegou primeiro e engoliu a pequena Jandira.

No dia seguinte, assim que as gaivotas começaram a pescar, ele olhou para onde a filha dormia e não a viu, chamou, mas ela não respondeu, e mesmo que o vento tivesse varrido a praia, ele viu suas pegadas até a água, e imaginou desolado: veio devolver o livro e o mar a levou. A notícia do desaparecimento correu pela vila e todos começaram a procurar Jandira.

O pai pegou o barco e remou na direção das águas onde havia pescado o livro, baixou a âncora e ficou pensando o que fazer. As ondas estavam agitadas e sombras gigantes rondavam a pequena embarcação, uma luta estava sendo travada dentro da água, embaixo do barco. Por um momento, uma sereia com cara de criança apoiou-se na lateral do barco e falou:

— Sua filha não morreu, mas ela leu algumas palavras que a transformaram em sereia. Vai demorar algum tempo para a gente desfazer o encanto.

O homem fingindo entender, devagarinho pegou um arpão e tentou acertar o coração de Parténope, mas devido o balanço das ondas errou o alvo e feriu ela no ombro, fazendo jorrar sobre ele um sangue azulado e paralisante. Parténope se debruçou sobre o barco novamente, com umas das mãos tentava estancar o sangramento, e com calma, repetiu:

— Sua filha não morreu, está mais viva do que qualquer ser humano, precisa aprender a ouvir e controlar suas emoções. Vocês humanos continuam como antes, violentos e insensatos. Se me matasse, quem lhe daria notícia de sua filha? Sabe pescador, todo o tempo alguns de vocês, com a ambição de pegar o maior peixe, perseguem monstros marinhos em seus rituais de acasalamento, se perdem no mar, morrem nas ilhas, e depois culpam as sereias, inventam que cantamos para atrair os homens. Não precisamos de vocês, vivemos bem melhor sem suas presenças. Na quarta lua nova esteja aqui à meia noite, a lua não estará mais visível, mas estaremos devolvendo a sua Jandira.

Disse isso e mergulhou, desaparecendo nas ondas.

O homem voltou para casa e começou a contar as luas, pensando consigo: assim que me devolverem Jandira, não vou errar, dessa vez arranco o coração da sereia com o meu arpão. Enfim, chegou a tão esperada noite da quarta lua nova, e lá estava ele. Bebeu uns goles de aguardente para suportar o frio, e quando o universo abriu o portal da meia noite, os cânticos invadiram o oceano, em meio às ondas frias e escuras, surgiram dezenas de sereias. Sírius brilhava sobre elas, todas eram Jandira e falaram ao mesmo tempo:

— Pescador, quer sua filha? Conte para ela qual é o seu plano.

Para onde ele olhasse via Jandira sob o brilho de Sírius. Começou a chorar, e elas falaram novamente:

— Pescador, conte para nós o seu plano.

Ele ficou de pé e, escorado em um remo, falou em voz alta.

— Preparei-me para esse momento, fiz um arpão de três pontas para arrancar o coração da sereia, assim que a minha filha estivesse no barco, não esperava esse truque, mas como sabiam do meu plano?

— O sangue que molhou sua mão, nos fez ouvir seu coração, mas não se desespere, sua filha não ouviu tudo, seria uma enorme decepção. E agora pescador, o que fazemos com você?

As ondas se transformaram em pequenas marolas, as sereias recuaram um pouco, entre as ondas serenas surgiu um Tritão, ergueu o barco, e falou:

— Minhas ninfas, estou aqui para resolver tudo isso, posso destruir barco e pescador, sem a menor compaixão.

Girava o barco lentamente fazendo com que ele visse todas as sereias, uma delas estava chorando, o pescador apontou para ela e perguntou:

— Minha filha, o que preciso fazer para ter você de volta?

O tritão balançou o barco e agitou as ondas, e arremessou a embarcação que foi parar na areia da praia.

— Papai, estou aqui!

O pescador abraçou a filha e perguntou de onde vinha aquele som de lamento profundo que ouvia.

— É Parténope, disse que ficaria preocupada comigo porque os verdadeiros monstros moram na Terra e não no mar.

MALIN ESTÁ ENTRE NÓS

Malin está entre nós há muito tempo. Preocupado com a humanidade, continua mostrando ao mundo que é possível viver e permitir viver. Desde o princípio, o universo defende o equilíbrio, e mesmo que não existam oportunidades iguais para todos, todos podem contribuir para um mundo melhor, doando amor e valorizando a liberdade.

Malin é um dos personagens do livro *O Enviado de Órion*, um mutante andarilho que foi encontrado por duas meninas numa linda tarde de inverno, e que, após o primeiro contato, fez uma amizade duradoura e permanente. Malin entre nós é a certeza de que não somos únicos, e no misterioso universo existem muitas moradas, observamos e somos observados.

O amor ao próximo é, sem dúvida, a maior expressão de bondade, e é exatamente por isso que Órion enviou seu mensageiro à Terra, para diminuir a dúvida entre a terra e as estrelas e mostrar que o universo é um todo. Uma das maiores carências que Malin identificou foi o excesso de escudo individual, muitas pessoas se julgam boas e têm soluções para os outros, mas desconhecem a sua própria necessidade de reparos.

Precisamos aprender a construir a nossa casa, e se fizermos uma construção segura, aí doaremos o nosso projeto para outras pessoas edificarem seus lares pessoais. Órion olhou para a Terra e viu muitas ruínas, Malin está entre nós para aprender e ensinar, sem jamais querer impor escolhas. Cada humano precisa descobrir seu próprio universo, quando o fizer, poderá olhar para o firmamento e entender porque nenhuma estrela precisa apagar a outra para poder brilhar.

No livro *O Enviado de Órion*, a mensagem de Malin é simples: a vida não é minha, nem sua, nem de ninguém, senão do universo. O segredo para que a Terra se torne uma verdadeira morada é a humanidade pôr em prática uma das mais difíceis tarefas: amar.

TEMPO APOCALÍPTICO

Tempo apocalíptico em que o universo faz alguns ajustes tentando encontrar o despertar da consciência humana. A economia mundial, que até pouco tempo enrolava-se em lenços para chorar miséria, num passe de mágica, descobriram um tesouro de bilhões e trilhões para tentar minimizar os efeitos de uma pandemia mundial. A pergunta que fica no ar é a seguinte: será que se tivessem tentado controlar os monstros da ganância e da violência, estaríamos nessa calamidade? Desmataram, explodiram, exploraram discriminadamente, escravizaram e agora? Morrem ricos e miseráveis e, quase todos, sem direito a um velório.

No tempo das dez pragas do Egito, o mundo estava mergulhado em violência, desobediência e destruição. Muitos morreram, outros sofreram e a maioria dos sobreviventes esqueceu, e depois das pragas continuaram a proliferar as suas maldades. Tomaram cidades, dizimaram povos, feriram a liberdade, e acreditaram que o poder venceria o amor, não foi isso que aconteceu. O amor venceu o poder com os gritos de dor e as lágrimas do silêncio. Palmas, gemidos e canções superaram o som das correntes dos infelizes algemados nos porões dos navios.

Os senhores detentores do poder nunca imaginaram o tamanho da força dos tambores, batuques e cirandas nas kizombas sob o clarão da lua, e enquanto bebiam vinhos e conhaques, os acorrentados bebiam lágrimas, lembrando a liberdade perdida. Ah, enquanto ostentavam o ouro e as pedras preciosas nos palácios, o universo anotava em seu diário, e agendava o tempo de cobrar tanta desigualdade.

O tempo apocalíptico não se refere a religiões, crenças, ou crendices, é simplesmente o universo em seu ajuste de contas, e ninguém vai conseguir se esconder, ele achará todos nós. Somos raízes de árvores ancestrais, com ou sem frutos, não importa, somos todos filhos da terra e deveríamos olhar para ela e ver a nós mesmos. É um tempo delicado, quem não conseguia ver os próprios pés, começou a se curvar pelo medo da morte. É tempo de aprender e amar.

No livro *O Enviado de Órion*, Malin saiu da zona de conforto de uma constelação para viver e sofrer entre nós com um objetivo simples, falar da necessidade do amor e de entender que se cada um de nós amar e respeitar, nosso planeta será habitável de fato, com qualidade de vida.

Não podemos ignorar que somos todos diferentes, mas feitos da mesma matéria. Assim como o oleiro se preocupa com o vaso que molda, precisamos nos preocupar uns com os outros e adquirir sabedoria para controlar as nossas múltiplas personalidades, e ter a certeza de que o universo é um berço de segredos. Somos todos dia e noite, mesmo que involuntariamente, não podemos desperdiçar esse precioso tempo que temos agora sem visitar as nossas tantas moradas. E aí, quando tudo isso passar, quem for capaz de lembrar do que realmente importa, construirá um mundo melhor.

O DIABO NÃO ESTÁ DISTANTE

O diabo não está distante, essa afirmação é um sinal de que podemos encontrá-lo, e o pior, dentro de nós mesmos. Muitas pessoas se dizem capazes de expulsar o mal, e creditam ao diabo tudo de ruim que existe, mas não fazem a experiência de ouvir a si mesmos. Pode até parecer loucura ou desequilíbrio fazer tais afirmações, mas estou apenas, com outras palavras, reafirmando o que estudiosos e teólogos renomados já disseram sobre o assunto.

A guerra entre o bem e o mal existe desde o princípio de tudo, mesmo depois de tantas batalhas travadas, com sacrifício de muitas vidas, a humanidade ainda vive sob a escuridão da ignorância e pouco disposta a procurar conhecimentos. Jesus, o Deus em carne que viveu na Terra, nunca promoveu julgamento, muito menos discórdia, ao contrário, pregava a paz.

Como Deus pode se apresentar em formas diferentes em seus tantos milagres e bondade, o diabo também tem múltiplas formas, e muitas vezes pode parecer bom também. Um exemplo típico disso somos nós, que defendemos a quem amamos de forma imaculada, e maculamos outras pessoas, sem sequer tentar encontrar nelas algo de positivo. Ora, sabemos que perfeito só Deus, e mesmo assim ainda é muito criticado, imaginem nós, apenas humanos, vestidos de desejos e inconsciência. Precisamos admitir que ninguém é cem por cento bom ou mau, podemos ser a casa de Deus, ou do diabo, Um fundamento pode nos guiar nessa escolha: conhecer a nós mesmos e cultuar a quem escolhemos.

Existe uma frase antiga que fala que não podemos servir a dois senhores, é exatamente isso. A representação mais conhecida do diabo apresenta-o com duas línguas, ah, quantos diabos convivem com a gente e cegamente não os vemos. Ele existe, e a energia de que precisa são os humanos que fornecem. Se porventura alguém se sentir ofendido com essa escrita, aconselho olhar para dentro de si, e descobrir a quem está servindo.

O tempo urge, a vida não é aqui, aqui é apenas a nossa plataforma de vida. Cultive a bondade e o perdão, não é fácil, mas vale a pena esse sacrifício. Não pense encontrar o diabo em velas pretas, encruzilhadas ou batidas de tambor, ele está mais perto do que pensamos, não tenha medo, o medo nos faz escravo, lute contra você, comprovadamente o nosso maior inimigo somos nós mesmos.

A VIDA É CURTA PARA SER PEQUENA

A vida é curta para ser pequena, torná-la grande exige sacrifício e sabedoria. Apequenar a vida nos envolvendo com coisas banais é perder tempo e tornar inviável a nossa própria existência. Muitas vezes deixamos para amanhã o que poderíamos viver hoje e esquecemos que tudo é passageiro.

A vida é curta para ser pequena, não podemos ignorar o quanto a nossa ansiedade interfere negativamente, alterando nosso cotidiano. Queremos as coisas a curto prazo e do nosso jeito, e não é assim que funciona. Para não tornar a vida pequena é essencial ter convicção de que cada pessoa é um mundo, mas o que faz a maioria é apequenar a vida, tentar administrar o mundo dos outros e esquecer seu próprio universo.

Gente medíocre fala de pessoas, enquanto gente sensata fala em pessoas, a mediocridade transforma, faz a vida ficar pequena. Precisamos identificar os nossos valores e fazer com que sejamos importantes, muita gente diminui a vida tentando ser famosa a qualquer custo, e desconhece a grande diferença entre fama e importância.

Se a vida é curta para ser pequena, não perca tempo com mediocridades, descobrir a grandeza que existe em nós não é fácil, mas necessário. Não se permita ser pequeno ou insignificante, faça um breve teste: se eu não existisse, que falta faria? Se demorar a encontrar a resposta, isso é preocupante. Seja grande e importante, faça com que as pessoas lhe deem importância, porque isso aqui passa rápido e a qualquer hora ficaremos invisíveis. Só existe um jeito de ficarmos imortais, vivendo nas lembranças das pessoas.

Ame, seja uma pessoa autêntica e tenha em seu plano-piloto para a sua vida, não faça a vida pequena zombando ou mentindo para levar vantagem. A vida pode ser curta, mas nunca será pequena se conseguirmos a imortalidade, viver na certeza de que somos todos projetos do universo e este, por sua vez, nunca nos perde de vista, nos força a sair da zona de conforto e fazer da vida uma ponte para as estrelas.

O LAGO DA VIDA

O Lago da Vida era uma referência para todos do vilarejo, o nome em si justificava porque era tão significativo. Ninguém ia lá à procura de sobrevivência e voltava sem alternativas. Em uma bela noite de lua cheia, o lago estava tão iluminado que parecia um espelho no meio da mata. Um homem chegou até a margem e falou:

— Você tem sido muito bondoso com o meu povo e hoje venho lhe pedir uns peixinhos para fazer a refeição da minha família.

Jogou a tarrafa, mas quando puxou só poucos aruás e umas folhas de aguapé. Sorriu, limpou a rede, jogou-a novamente e não conseguiu pescar nenhum peixe. Comentou:

— Você é o Lago da Vida, um peixinho só será o suficiente.

Voltou a jogar a tarrafa sobre o lago e então pescou um lindo peixe esverdeado. Nunca tinha visto como aquele, colocou-o na palma da mão e o olhou fixamente. O peixe, ofegante, olhava para ele como se pedisse para voltar à água, o homem não resistiu e o devolveu ao lago.

Tentou mais uma vez e quando puxou a tarrafa, estava muito pesada. Para a sua surpresa havia uma esmeralda em cada malha. O clarão da lua refletia nas pedrinhas verdes que pareciam uma constelação com brilhos intensos e alternados. O homem pensou: pesquei um grande tesouro, mas não preciso de tanto. Retirou uma das pedras e jogou-a no lago, as pequenas marolas se transformaram em uma linda borboleta azul que voou rumo à lua. Ele jogou a segunda pedra e outra vida emergiu da água, juntando-se à borboleta.

O homem não hesitou, devolveu ao lago todas as pedras que, ao se transformarem em vidas, cobriram a lua e escureceram o lago. Em seguida, caiu um pequeno sereno sobre a mata e, em todos os lugares, um cântico de liberdade foi ouvido. Uma energia invadiu os arredores do vilarejo, devolvendo a paz e retirando a dor, o Lago da Vida se fez presente da forma mais digna possível, a solidariedade.

Às vezes, temos muito mais do que precisamos, recebemos as mais diversificadas dádivas, possivelmente nos ofertando a possibilidade de doar um pouco aos menos favorecidos. O Lago da Vida é eterno e secreto, mas poderá se fazer presente em cada um de nós, não sabemos quando e nem porquê, mas se o sereno nos molhar, não precisaremos procurar proteção, é ele que nos protege com a sua divindade.

PARA SOFRER MENOS

Como sofrer menos? Possivelmente alguém dirá que tudo faz parte do destino, também acredito e compartilho a ideia de que não podemos fugir desse mestre, mas em algumas situações ele nos permite agir por conta própria, então precisamos de equilíbrio e sensatez para diminuir o nosso sofrimento. Uma das razões para que a gente sofra é não raciocinar. Pensar, analisar causas e consequências, certamente ajuda a diminuir nossas dores físicas e espirituais.

Não devemos criar expectativas exageradas e muito menos procurar a felicidade em valores numéricos, fazer uma reflexão do que éramos e do que nos tornamos é uma porta que precisamos abrir para entrar em nosso esconderijo pessoal. Não sofra pelo que não vale a pena, e para descobrir isso precisamos de um grande sacrifício, sair da fantasia para a realidade. É fácil? Extremamente difícil, porque precisamos sair da famosa zona de conforto, mas se tivermos coragem para agir de tal forma, veremos que vale a pena.

Aceitar o que não podemos mudar, não é desistir. Na verdade, lutar para mudar o impossível é entrar em uma caixa de sofrimento, só vai nos trazer desgastes e desilusões. Precisamos lutar, nenhuma conquista acontece sem luta, a necessidade de desenvolver a nossa resiliência é um fator determinante, perdas e ganhos sempre estarão presentes em nossas vidas, e cada uma delas com cicatrizes e valores diferentes.

Para sofrer menos é recomendável ver o mundo e suas diferenças, muitas vezes reclamamos da nossa situação porque estamos de olhos vendados, alheios e ignorantes. A vida e seus segredos é um livro secreto que existe em cada um de nós, nossas dores e prazeres são únicas e próprias de cada pessoa, por isso, evitar comparações é uma atitude inteligente e racional.

Sofra menos, reclame menos, acredite mais no poder invisível do universo, seja humilde o suficiente para entender que todos sofrem e evite aumentar o sofrimento alheio, se conseguirmos fazer algo assim difícil, mas possível, com certeza sofreremos menos e viveremos mais.

Como diminuir a ansiedade e melhorar o emocional para diminuir a angústia? Eis um grande desafio no qual só a vontade ou desejo de ser feliz não basta, é necessário encontrar o ponto exato em que pegamos a contramão e depois refazer a trajetória até chegar em nosso atual momento. Essa busca, cheia de curvas e bifurcações, torna-se um tanto perigosa, mas ao longo do percurso revivemos momentos especiais.

Existe uma expressão muito antiga referente às nossas conquistas: quem não chora, não mama. Esse choro, talvez, represente os desertos por onde temos que passar, para depois chegarmos ao nosso oásis. Primeiro chorar e depois sorrir, entre esses dois pontos, uma ponte em ruínas, que somos nós, a primeira atitude é reconstruí-la para passar com segurança e essa reconstrução é possível. Mas, antes de qualquer coisa, é essencial identificar os pontos de vulnerabilidade.

Coragem, depois que começarmos o reparo dessa ponte que somos nós, veremos o quanto somos capazes de construir. Desenvolvida essa virtude, precisamos perder o medo e seguir. Agora já sabemos que temos força e capacidade, vamos pôr em prática o nosso plano de reação. Um dos pilares que pode estar ruindo é a nossa capacidade de reação, então começamos por ele. Ou reagimos com todas as forças que temos, ou a ponte vai cair de vez, e ninguém quer perdê-la, senão, como chegaremos ao destino que queremos? Ah, é bom olhar também o pilar do querer, talvez tenha sido construído com material supérfluo. Uma coisa de cada vez, passo a passo, essa é uma tática exitosa.

Persistência, quando a gente começar a reconstruir, a ponte vai tremer, nada de pensar em desistir, afinal, ou reconstruímos ou não passamos para o outro lado, e é lá que queremos chegar. Persistir é o lema, por mais que a ponte balance ou um dos lados venha a cair, passaremos e venceremos.

FELICIDADE A GENTE INVENTA

Felicidade a gente inventa, mesmo que em muitas ocasiões tenhamos de pintar a face para esconder o disfarce, sorrir é o maior sentimento de esperança, porque sem ela é quase impossível viver.

Somos artistas nômades, palhaços e ciganos, criando mundos diversos e apostando nossas fichas no destino que permanece insensível aos nossos desejos ou carências, e para conseguir continuar vivendo, a gente finge ser feliz. Felicidade a gente inventa, não para brincar com sentimentos, mas para não permitir que eles morram.

Certa vez uma menina brincava na sombra de um jasmim-manga, um rouxinol começou a cantar, parecia que quanto mais cantava mais vontade tinha de continuar cantando, e ela comentou: canta, canta, passarinho feliz. O pássaro começou a cantar uma canção triste, e contou:

— Eu tinha uma árvore e lá fiz meu ninho, uma manhã saí para pegar comida para meus filhotes, e quando voltei haviam cortado a árvore. Perdi meu ninho e minha família, não sei se sobreviveram, se estão livres ou em alguma gaiola.

A menina perguntou:

— E ainda tem forças para cantar? Parece-me tão feliz para quem sofreu tamanha desventura.

E o rouxinol cantou outra canção.

Felicidade a gente inventa ou morreremos cedo demais. Canto para aliviar a dor, canto para falar de amor, canto para viver e para abafar meu pranto, a vida é um grande manto, de incertezas e encantos, você me ver a cantar, eu lhe vejo a brincar, não sei se tens alegria ou dor, não sei quem és, não sei quem sou, mas vou cantar, quem canta está a sonhar, quem sonha viverá, em qualquer dimensão ou em algum lugar onde o som do coração possa chegar, dos seres que a esperança alimenta, e quando a tristeza chegar, para a vida não parar, felicidade a gente inventa.

MAMÃE UM DIA ME FALOU

Mamãe um dia me falou: o que está sem jeito já está resolvido. Em nenhum momento ela disse para aceitar com naturalidade ou esquecer, mas simplesmente para procurar manter a calma e evitar o desespero. Depois de muito tempo pensando sobre isso, tenho que admitir essa dura realidade.

Quando estamos diante de situações irreversíveis, se a gente perder a esperança, complicamos ainda mais a nossa vida. É muito difícil administrar o nosso emocional, ele está sempre envolvido nos mais diversos sentimentos, e por isso é comum a nossa instabilidade. No entanto, se é algo que não tem jeito, vamos pedir forças a quem rege o mundo e aguardar.

As perdas estão entre os maiores desgastes das nossas vidas, se elas forem de âmbito material, dependendo de cada caso, podemos superá-las, mas se forem perdas humanas fica difícil de aceitar. Ainda assim, é como mamãe um dia me falou. Não podemos fazer nada, nem mudar as ações do destino e nem trazer ao nosso convívio quem já está em outro plano. Então já está resolvido, e cabe a nós procurarmos entender que somos apenas viajantes no tempo, e mais uma vez, pedir a misericórdia divina para quem foi e para quem ficou.

É lógico que jamais poderemos esquecer, porque esse é o único meio para que as pessoas fiquem imortais. Choramos de saudade, e deveremos rir para imortalizar nossos momentos felizes. Amaldiçoar a vida ou questionar as decisões divinas sobre as quais não sabemos nada, não faz nenhum sentido. Quanto às demais perdas, são apenas fichinhas perdidas.

Mamãe um dia me falou, falou sobre tantas coisas que eu jamais imaginei o tamanho de cada uma delas. O tempo foi avançando em alta velocidade e eu em câmera lenta, e quando menos esperei, estava dentro de um filme do qual eu não queria participar. O destino, que quase sempre é questionado, também cumpre seu papel e não tem vontade própria, tudo é determinado por quem conhece todos os motivos, ao contrário de nós, que pensamos conhecer os melhores caminhos, ele nos oferece a melhor morada.

Vamos viver, viver e pedir sabedoria para aprender a amar, se soubéssemos a importância que tem o amor, não seríamos hipócritas, amaríamos de verdade. Se alguém pensar que exagerei, converse com o espelho interior e encontrará a real necessidade de descobrir mais sobre o amor.

O NÁUFRAGO E O URSO

O náufrago e o urso é um tipo de conto para alertar algumas pessoas sobre o agravante comportamento da ingratidão. Um pesquisador alugou um barco e programou uma viagem até uma ilha, existia uma lenda antiga que nunca nenhuma pessoa tinha conseguido voltar. Ele não acreditava em lendas e dizia que elas eram frutos da imaginação dos fracos.

Colocou o barco na água, pegou suprimentos para uma semana e embarcou sozinho. Um amigo quis acompanhá-lo, mas ele não aceitou, explicou que era experiente o bastante para navegar só. Naquela noite parecia que Poseidon estava zangado, as ondas brigavam entre si e o mar estava em fúria. Como se não bastasse, uma grande tempestade caiu sobre as águas, Zeus lançou uma chuva de raios, e um deles partiu o barco ao meio a poucos metros da ilha.

O homem subiu nos destroços e guiou-se pela luz dos pirilampos que acendiam suas lanterninhas na vegetação escura para chegar ao seu destino. Durante a batalha para sobreviver, sofreu um golpe profundo na perna, ao pisar em terra firme andava com dificuldade, mas conseguiu chegar até uma árvore. Sem proteção, com dor e medo, cobriu-se com folhas e terra para suportar o frio da noite.

Ao amanhecer, tentou se levantar, mas a perna parecia inflamada e doía muito, desistiu. Ouviu um barulho estranho e um animal surgiu na sua frente, um grande urso. Ele pensou, já que vou morrer nem vou me mexer. O urso aproximou-se, retirou a terra e as folhas e espremeu uma erva em cima do ferimento, voltou minutos depois com algumas frutas e uma concha cheia de água.

Fez esse procedimento várias vezes, e muitas noites deitava-se próximo a ele feito um cão de guarda. Os dias passaram e o homem havia sarado. Andando em volta da árvore, encontrou um rifle e munição e teve a ideia de matar o urso, assim teria carne o suficiente e poderia usar a pele para fazer um casaco. Era fácil, já que o animal deitava-se próximo a ele.

A lua cheia fazia um show, com sua luz branca e fria cobria toda a mata da ilha. Como de costume, o urso vinha, abrindo caminho entre as árvores, quando estava a poucos metros de chegar, ouviu um estalo. O homem engatilhou o rifle, o urso ficou de pé e abriu os braços, a lua o clareou por inteiro e mostrou sua verdadeira identidade. Era a mãe do náufrago, mais uma vez cuidando do filho. Materializada em um urso, porque o amor nunca morre e independente de qualquer situação, quem ama, ama para sempre.

O náufrago pensou que era um truque da lenda que contavam, e atirou. O urso se aproximou e deu nele um grande abraço. Ninguém falou se o homem voltou, mas os nativos encontraram um grande tronco de madeira na areia da praia, e toda noite de lua cheia era possível ver esse conto gravado nele, branco e brilhante tal qual a luz da lua. Ame, e se sofrer com alguma ingratidão não se preocupe, sempre existirá uma noite de lua cheia.

POEMAS SEM POESIA

Poemas sem poesia é como a estrada da nossa vida, escrito pelo destino e regido pelo tempo, tendo como tema principal o mundo e sua insensibilidade. Somos canções sem rimas, e esperamos da vida quase sempre o que ela não nos oferece, nós projetamos alcançar a felicidade e, muitas vezes, conseguimos, mas cometemos o erro de pensar que é para sempre. O destino, por sua vez, é ingrato e o mundo injusto, o tempo, por mais difícil que seja de entendê-lo, ainda é o nosso melhor parceiro.

Entre sonhos e pesadelos recitamos os nossos poemas sem poesia, em meio ao fim do amor ou da vida continuaremos o nosso renascimento, e para a nossa felicidade mergulhamos num estado de invisibilidade para a maioria. Involuntariamente somos, na maior parte da vida, artistas sem público, vivendo mais de esperança do que propriamente a vida, e nessa condição de andarilhos do tempo, somos meros viajantes perdidos em nossas próprias buscas. O imensurável universo desconhece nossos sonhos e assim caminhamos em busca de tudo para encontrar o nada.

Alma, coração e vida constantemente em atrito, esperando que nossos poemas sem poesias encontrem o equilíbrio que precisamos, e quando menos esperamos, o tempo se esvai deixando apenas lembranças, e feliz dos que ainda têm lembranças, porque muitos não tiveram esse privilégio e não têm nada para lembrar. Quando a lua com seu branco lenço cobre a mata, a saudade entra e se faz encanto, e em cada recanto o frio invade, desencantando a vida e, no entanto, fazendo valer seu grande manto.

Somos todos poemas sem poesia, de prazer, dor e alegria, de amor, de rancor e hipocrisia, somos todos assim, talvez um dia possamos ser poemas de verdade, com ternura, poesia e felicidade, e o destino continue a escrever, para que eu, você e a humanidade, escute um poema de verdade, com amor, dignidade e poesia.

O TODO PODEROSO TEMPO

O todo poderoso tempo, senhor dos segredos e das respostas, nos coloca na condição de senhor e escravo. Enigmático e encantador, independente, traz consigo múltiplos sentimentos dos quais a humanidade jamais entenderá a grandeza. Temos a nosso favor a impossibilidade de adivinhar suas ações, se nos fosse concedido esse poder sofreríamos muito mais e talvez não conseguíssemos viver nem o presente.

O todo poderoso tempo e seus magníficos templos de amores e saudades, e nós, apenas areia que o vento carrega com destino incerto, e por mais varridos que possamos ser, nós juntamos nossas dunas, pois não somos descartáveis. Vendamos nossos olhos para o presente e quando o todo poderoso tempo nos coloca entre as suas colunas, choramos e questionamos o que perdemos, muitas vezes deveríamos agradecer por mais uma oportunidade para aprender e evoluir. Mas na grande maioria das vezes somos injustos e não temos sabedoria sequer para refletir, muito menos para agradecer.

Perguntarão, agradecer o quê? Perdas, sofrimentos, desilusões, injustiças e muito mais. Por esse e outros motivos continuamos pequenos, não nos convencemos que somos todos responsáveis, e mais cedo ou mais tarde, voltaremos para reconstruir e viver o grande desafio de aprender a valorizar as ofertas generosas do todo poderoso tempo, perguntaremos são esses os presentes dele? Perder pessoas queridas e aplaudir o destino com suas inconstantes dádivas.

Viva a vida, tente entendê-la e ter a consciência de que não temos exclusividade nenhuma, somos todos participantes desse engenhoso jogo da vida. Chorar ou sorrir são momentos pelos quais todos passam, que façamos em seu devido tempo e com a certeza de que nada é para sempre. Somos viajantes no tempo e um dia nos encontraremos na mesma nave, muitas vezes chegamos e saímos como estrelas escuras, não porque não tenhamos luz, mas para não interromper o repouso merecido de quem está brilhando em outras dimensões, afinal existem claridades que só as divindades enxergam.

Enquanto isso, o todo poderoso tempo continua com suas reviravoltas. E nós, ah, nós continuamos, ingênuos, crendo que não merecemos sofrer porque somos bons. Pobres de nós e nossos pequenos pensamentos, um dia o todo poderoso tempo colocará tudo em seu devido lugar e até as pedras deixarão de rolar pelas estradas e terão descanso, tão grandioso é o universo.

AS ÁGUAS DO LETE

As águas do Lete são sagradas e místicas, quem bebesse delas receberia a graça do esquecimento de suas vidas passadas. Muito embora alguns acreditassem que o rio pertencia ao domínio de Hades, no mundo inferior, outros afirmavam que quem tocasse nas águas do rio Lete estariam destinados ao paraíso, porque ele pertencia aos Campos Elísios.

Verdade ou mito, não podemos fugir de uma realidade, a humanidade está mergulhada no esquecimento e da pior maneira possível, esquecendo as leis naturais do universo e rasgando o manto sagrado da verdade. Hoje não é difícil encontrar pessoas que dizem falar com Deus no momento que bem desejam, indo mais além, pessoas se acham servas capazes de exigir do criador definição sobre suas vidas.

As águas do Lete não banharam e nem mataram a sede dessas pessoas. Devido a um quadro tão contrastante com a realidade, surge a dúvida a quem pertence esse rio. Fico pensando que o segredo está na hora de tocar nas águas do rio, se fizermos com respeito e reverência poderemos receber a graça do esquecimento inerente aos nossos sofrimentos, mas se fizermos ao contrário, tão somente com o intuito de curiosidade, ficaremos em nosso mundo, submundo.

Esquecer os alertas sobre o falso testemunho e usar o nome de Deus em vão, vai destruir a humanidade. Muitas citações mitológicas não são por acaso, todas elas trazem importantes lições de vida, as quais se tivéssemos sabedoria para entender e coragem para reconstruir nossas vidas, não evitaríamos as ações do destino, mas ficaríamos mais leves para voar até as estrelas.

As águas do Lete e a sua generosa graça de fazer esquecer o nosso sofrimento na terra são uma benção de Deus. Esse rio pode ser apenas simbólico, mas poderia desaguar em cada um de nós, e assim, poderíamos esquecer trapaças e mentiras, criando um afluente de verdade e amor para banhar a humanidade e fazer com que a Terra deixasse de ser um planeta de expiação espiritual, passando a ser como tantos outros do universo, com espíritos evoluídos.

SEM TEMPO PARA RECLAMAR

Sem tempo para reclamar, mesmo porque as reclamações não vão alterar as ações do tempo. Bem melhor do que ficar resmungando é aprender com os erros que cometemos e procurar corrigi-los, aí então veremos onde ficamos na escala do problema.

Somos todos carentes de evolução e dentro dessa imperfeição costumamos ver primeiro os outros, às vezes tentamos iluminar a casa alheia e deixamos a nossa na escuridão. Se fizéssemos isso por solidariedade até seria compreensível, mas na maioria das situações é por intrometimento, pensamos que sabemos o suficiente e esquecemos que somos apenas aprendizes.

Sem tempo para reclamar, tentar consertar o que o próprio universo não conseguiu ainda, o ideal é fazer as nossas reformas pessoais de dentro para fora, do contrário só causarão mais problemas. O livro *A vida e seus segredos* aborda questões semelhantes às que vivemos no nosso dia a dia. Falamos mais do que fazemos e pensamos menos que o necessário, se a gente ficar sem tempo para reclamar e doar nossos preciosos minutos estudando o nosso comportamento, estaremos, sem dúvida, colaborando para um mundo melhor.

Na verdade, não conseguimos administrar nossa própria vida, portanto, dizer o que seria melhor para os outros é pura arrogância. Somos iguais ao mundo, desigual e injusto. Falamos em destino, sorte, oportunidade, tudo isso existe em nossas vidas, mas temos também nossas responsabilidades que influenciam nossas vidas, mas ninguém se iluda, não decidimos nada. Muitas vezes o universo conspira a favor e contra, mas quem de nós saberá realmente o que é melhor? Quem responder que sabe, está tão perdido que precisa parar e repensar na resposta.

Sem tempo para reclamar, mesmo porque no tabuleiro da vida somos apenas as pedras do jogo, quem as movimenta têm estratégias secretas e conhece, mais que qualquer um, cada centímetro do tabuleiro. Exatamente assim, somos apenas parte desse projeto. Se ficarmos sem tempo para reclamar, talvez possamos encontrar um tempinho para agradecer.

SOCIEDADE MASCARADA

Sociedade mascarada, uma grande parte da população desconhece que o baile acaba e as máscaras vão cair. Cada pessoa precisa ter consciência de sua responsabilidade e não permitir que seus desejos individuais coloquem os outros em abismos. Certa vez, em um rebanho, nasceram alguns filhotes cegos, um pastor entendeu que por não enxergarem seria mais fácil cuidar, pediu ao dono da fazenda que lhe concedesse a missão de ficar responsável por todos os animais que apresentassem esse tipo de deficiência.

Talvez o destino, ou quem o criou, desafiou o pastor, nasceram muitos carneirinhos cegos. O proprietário ofereceu ajuda por entender que seria muito trabalho, o homem não aceitou, seu ego foi maior do que sua consciência. Os animais confiavam muito nele, já não precisava nem chamar, seguiam o som dos seus passos. Um dia, o homem teve a triste ideia de trair a confiança dos bichos, a fim de testar até onde a confiança os levaria.

Caminhou na direção de um grande abismo e, no intuito de que todos caíssem, ele foi até a parte mais alta. Olhou para trás para ter certeza de que não ficaria nenhum, para sua surpresa o dono do rebanho apareceu e conduziu todos a um pasto farto de grama e água. Chamou o pastor e disse: vi que estava cansado e se poderia perder, estou aqui para ajudar, peço que me acompanhe porque ainda preciso de você.

A sociedade mascarada pelo ego bem que poderia ler esse conto, sentir-se o pastor e seu rebanho cego. Quando temos conhecimento e poder de convencimento, precisamos ser transparentes com os nossos seguidores, somos responsáveis por eles. A sociedade mascarada que tenta apenas satisfazer seus desejos, precisa rever seus atos e assumir sua identidade, o rebanho é grande demais. Talvez grande parte esteja cansada, não é vergonha pedir ajuda, vergonhoso é continuar com a máscara e planejar o massacre.

PROCURANDO A ALEGRIA

Procurando a alegria entraremos em uma nova vida, já que não temos nenhum controle sobre o destino. Viver não é apenas estar vivo e na proporção que conseguimos expulsar os nossos zumbis, fazemos com que o sol da esperança tenha acesso aos nossos pensamentos, é um desafio interessante.

Se estivermos procurando alegria, vamos nos surpreender encontrando muitos monstros em nossos caminhos, principalmente o pior de todos, o medo. Essa é, sem dúvida, a maior ameaça de todos nós e só cresce porque o alimentamos com as incertezas, elas nascem com as nossas expectativas muitas vezes exageradas e desnecessárias, porque criamos um mundo fictício, fantasioso.

Não ande procurando a alegria sem consultar o seu coração para descobrir do que realmente você precisa para ser alegre, elimine o excesso de projetos, escolha e priorize o que lhe identifica sem precisar atender às demandas alheias, a vida é sua. Sabemos que todos nós sofremos pressões e comparações, o que os outros talvez não saibam é que cada vida é única. Conselhos e orientações sempre são importantes, mas cada pessoa é quem sabe realmente do que precisa.

A escolha tem que ser feita de forma criteriosa, cada um de nós temos a oportunidade e o desafio de fazermos a escolha correta. Em alguns momentos estamos vulneráveis ou indecisos e recorremos a outras pessoas para tomarmos uma decisão, esse é o ponto crítico porque cada um de nós segue por caminhos diferentes, e se escolher pensando nos outros, a margem de acerto será pequena.

Encontre-se em seus melhores momentos, se a angústia lhe visitar, volte ao tempo e busque o que lhe satisfaz, jogue para o alto o que estiver lhe sobrecarregando e seja você. Vença seu medo, seja ele de qualquer tipo ou tamanho, não se assuste, você é suficientemente capaz, encontre a alegria e volte a viver, acredite e não perca a esperança, vai dar certo.

OS CONFLITOS DA MENTE

Os conflitos da mente exercem poderosas influências sobre o nosso comportamento, onde o querer e o poder ficam separados por uma linha abissal, alterando sensivelmente as nossas assimilações e reações. A vida é um mapa de interrogações no qual nunca encontraremos as respostas exatas, sempre haverá contestações.

Nossa mente é um castelo com muitas moradas, e muito embora tenhamos as chaves para abrir cada uma delas, quase sempre fazemos no tempo errado. Cedemos espaço aos nossos desejos e expomos as nossas carências sem percebermos em qual estágio estamos liberando os nossos fantasmas. Seria interessante se, com a mesma proporção que os liberamos, pudéssemos controlar o nosso medo, mas quando ganham liberdade se tornam nossos inimigos.

Somos todos vulneráveis e não temos domínio sobre nós mesmos. Essa afirmação tem como base a nossa instabilidade, somos uma mistura heterogênea de lógica e insensatez, eis a razão para que sejamos frágeis e dependentes. Entre na minha mente e sinta a quantidade imensurável de sentimentos que me movem, lembranças, tristezas, desesperança, alegria e esperança, e a certeza de que a felicidade é apenas um momento, depois estaremos no presente acorrentados ao passado, e nunca mais os mesmos momentos.

Entre na minha mente e escute os meus gritos de socorro, gritos antigos, ainda da infância, que com o passar do tempo se multiplicaram provocando descontrole emocional e me transformando em um fantasma, porque já não sei quem sou. Ainda pequeno me embalava em sonhos, sem saber que os pesadelos também viriam, nunca me falaram deles. Crescemos e o nosso desejo de vencer e corresponder às expectativas sobre nós transformam-se em grandes labirintos, nos quais nos perdemos, e quando procuramos uma saída nos deparamos com os conflitos da mente.

Não devemos nos preocupar com o amanhã, porque ele não existe, quando deixamos de viver o hoje perdemos a grande chance que a vida nos dá depois, não tem depois, seremos apenas viajantes do ontem e presos ao passado, o qual poderia ter sido presente. Entre na minha mente e escute o pulsar do meu coração, cada vez menor, cada dia mais lento, com menos emoção e menos alento, mas eles estão lá, presente e passado a se digladiar, e assim a vida vai seguindo até o grande dia chegar.

SEIS DICAS PARA VIVER MELHOR

Seis dicas para viver melhor, lembrando que cada pessoa é um mundo diferente, algumas adaptações a determinadas situações talvez sejam necessárias. O emocional de cada um de nós é muito relativo, no entanto, vivemos de aprendizado e experiências para a construção do nosso desenvolvimento.

01. Nossas vidas – É importante primeiro viver as nossas vidas, quando permitimos que os nossos projetos pessoais sejam imitações da vida alheia, não podemos questionar possíveis insucessos. Inspirar-se é diferente de copiar, pensar que se deu certo para os outros dará para a gente é um erro crasso. Precisamos de autoridade para definir nossos rumos, se esquecermos de viver o que é nosso para viver o que é dos outros, fracassaremos.

02. Paciência – Possuímos o péssimo hábito do imediatismo, queremos a qualquer preço e já. Não saber esperar coloca a gente lado a lado com a angústia. Não significa necessariamente deixar que as coisas simplesmente aconteçam, é uma forma sábia de ir à luta, mas querer antecipar os acontecimentos por motivo de pressa é inaceitável. Geralmente, quem atropela o tempo se machuca. A ideia é manter o foco sem precisar adiantar os ponteiros. Nunca se adiante no tempo, mesmo porque ele só lhe aceita no momento certo, não brigue com o destino, poucos sabem, mas ele apenas cumpre as determinações de quem administra tudo isso, ser cauteloso até com as imprevisibilidades é uma sabedoria.

03. Confiança – Questionamos muito os porquês da vida e nos deparamos com o sentimento de injustiça diminuindo a nossa autoestima. Isso tem atrapalhado quase todo mundo, mas não deixe isso acontecer com você também. Encontre sua energia, desenvolva seu otimismo e evite absorver e antecipar problemas que poderiam ser contornados se não fosse a instabilidade emocional. Confie no instinto ou na sabedoria, confie na vida, na sorte, no destino, mas não confie no mundo, ele é um misto de glórias e tragédias, mas confie em você e em seu próprio mundo, e não se preocupe se as pessoas criticarem seu mundo, faça dele o melhor para você.

04. Organize-se – Uma das maiores causadoras de aborrecimento é a falta de organização, além de provocar vários tipos de desconforto ainda pode acrescentar prejuízo financeiro. É recomendável destinar algum tempo para programar a agenda pessoal, dias de pagamentos, compras, porta-documentos, compromissos. Tudo que depender de data e hora marcada exige organização, deixar tudo para a última hora sempre ocasionará em algum tipo de estresse. Organize-se e verá que as responsabilidades são suas, não é justo que os outros cuidem da estante de sua vida, quando fizer isso vai sentir um alívio tão grande que a vida vai fluir mais saudável.

05. Superação – Corpo e mente vivem eternos conflitos provocando as mais variáveis reações, aprender a classificar as fontes reais das nossas decepções vai nos ajudar a administrá-las. Expectativas, desafios e perdas são moradores indesejáveis no condomínio da vida, minando e destruindo a nossa alegria, e entre várias soluções, uma das mais eficientes é ver o que não pode ser mudado como um processo natural da vida. Quando uma fase termina, é porque chegou ao fim, lógico. Querer viver o que não existe mais é mergulhar diretamente no sofrimento e ser forte para administrar determinadas situações, é uma alternativa brilhante. Acreditar é uma magia universal, acreditar em você e no universo, na vida ou além da mesma e viver sem jamais querer administrar outras vidas, cada uma é única.

06. Questionamentos e comparações – Agora sim, estamos dentro do caldeirão da insanidade. Quando entramos em desespero descobrimos que temos habilidade para o drama, além de criarmos questionamentos que nos acusam, para a maioria dos quais não existem respostas, tendemos a comparar a velocidade do nosso progresso com os outros, algo alarmante. Quer viver melhor? Procure ser racional. Tente bloquear ou tente inibir pensamentos que lhe acorrentam ao passado, esqueça as comparações e os questionamentos, em nada vão ajudar. Ao invés de ficar olhando para trás, olhe para o universo e acredite em suas forças e promessas. Tome uma decisão, entenda que o que não pode ser mudado não vai mudar e quanto mais você mergulha no nada, mais distante ficará de alguma coisa. Não acorrente o coração, ele foi feito para balançar livremente e assim poder suportar o peso de todos os sentimentos. Culpe o destino, o mundo, a sorte e até você mesmo, faça o que quiser, mas tenha uma certeza, os segredos da vida não são do nosso conhecimento, muito menos do nosso controle. Para viver melhor precisamos acreditar em algo fora do alcance dos olhos. Apenas uma ideia, que tal olhar um pouquinho para o imensurável firmamento e depois olhar para você mesmo, vai chegar à conclusão do quanto somos insignificantes comparados ao universo.

O SOM DO UNIVERSO

O som do universo é uma canção simples num fim de tarde, misturando saudades e lembranças à esperança, fazendo de cada um de nós maestros de nossos próprios concertos. É a simplicidade dos pardais em algum quintal, nas sombras dos algodoeiros, ou até mesmo o cântico de um rouxinol na varanda de uma casa de sonhos, onde tempo silenciou palavras e sorrisos. Ah, o som do universo pode ser ouvido na conversa das paredes, perguntando por que e até quando será.

O som do universo se faz presente no menino que solta pipa e pensa que ela chegará às estrelas, tão entretido que nem ouviu o vento levando as folhas caídas, que mesmo no chão ainda vivem, tangidas pela enigmática e mística natureza. Como é impressionante o mundo das transformações da vida, enquanto um casal jovem passeia em um caiaque curtindo o pôr do sol, a poucos metros de distância um homem curvado pelo tempo apenas observa a imensidão do lago e seu olhar cinza assemelha-se à cor das nuvens carregadas.

É o senhor tempo compondo o som do universo e pintando na mesma aquarela, a lágrima da mãe e o sorriso do filho, permitindo que os colibris visitem as flores em seus últimos momentos antes que a noite caia sobre elas. Em algum lugar a melodia de Chopin ecoa, Spring Waltz transforma o fim de tarde em um oceano de lembranças, é inevitável que as lágrimas não molhem a face, tal qual o orvalho que se junta à brisa da manhã, mas o som do universo se fará presente em um novo dia.

Pássaros cantarão ao alvorecer e a vida continuará com seu misto de tristezas e alegrias, pardais, rouxinóis e colibris possivelmente visitarão os mesmos lugares, agora diferentes, a cada segundo o som do universo cria uma nova canção, parece uma ópera em que lágrimas e aplausos dividem o mesmo espaço, esse é o som da vida e, certamente, o som do universo.

A VELOCIDADE DO TEMPO

A velocidade do tempo faz com que a humanidade pareça uma máquina em pane, os reparos exigem além do conhecimento técnico, paciência. Em uma comparação entre nós e o tempo, somos apenas crianças iludidas com um doce, sem a noção ou preocupação de que vai acabar, mas quando acaba, choramos para ganhar outro e nos entristecemos com um não.

Na vida, ganhar e perder são parte de um processo natural e a velocidade do tempo não permite câmera lenta, precisamos nos adaptar às constantes mudanças de velocidade e mesmo conscientes de que o tempo não espera por nenhum de nós, quase sempre fazemos ao contrário, queremos corrigir algumas imperfeições quando a carruagem do tempo já passou.

Na maioria das vezes, inconsciência e inconsequência estão em proporções iguais e totalmente contrárias a velocidade do tempo, já é tarde e o doce que tínhamos, perdemos. E agora a situação é mais delicada, não somos mais crianças e teremos de encarar as nossas desventuras alimentando-nos de esperança.

Somos máquinas humanas, mas o nosso comportamento, em alguns casos, assemelha-se aos robôs em suas características mecânicas de executar sem raciocinar, com eficiência impressionante e de evolução constante, mas sem sentimento, tristezas ou alegrias, independentes de preocupações ou de existência, aos poucos se constituem em uma raça robótica com interação humana.

A velocidade do tempo também está alinhada ao universo e nós apenas observamos, e o pior, a grande maioria não identifica a sua própria lentidão e a necessidade de uma ação corretiva. Às vezes, somos homens máquinas, perdemos um tempo precioso conversando com estranhos programas de computação e ignoramos os humanos que temos ao nosso lado.

Muito embora alguns desses programas pareçam aliviar o nosso stress, algumas pessoas cometem o exagero de, mesmo acompanhadas, conversarem mais com as máquinas do que com as pessoas reais. Esquecem que a velocidade do tempo, incontrolável, exige que façamos escolhas, e entre o brilho de um led e o calor de um abraço, não há muito que se pensar.

QUANTO VALE A PAZ?

Quanto vale a paz? Será que o verde do dinheiro é o suficiente para ficarmos sem ela? Valeria a pena essa troca? A verdade é que nos últimos tempos celebridades estão pagando caro por terem esquecido quanto vale a paz. Não necessariamente só as pessoas famosas estão perdendo a paz, essa perda atinge o mundo inteiro. No entanto, muitas pessoas estão sem ela porque provocaram uma situação de desconforto. Temos o nosso ego, mas precisamos aprender a administrá-lo, caso contrário sofreremos uma inversão que nos fará pensar quanto vale a paz.

Uma das ações mais degradantes sobre o nosso sossego é a nossa insaciável busca por mais, e nunca paramos para pensar que já temos o suficiente. A humanidade está mergulhando em abismos e muita gente já não sabe o que quer da vida. Essa corrida desesperada rumo aos holofotes do sucesso vai cansar e cegar os mais insensatos, pessoas que já venderam a alma para conseguirem fama, de que adianta se o tempo vai colocar todos na página anterior e se transformarão em passado, melhor viver um presente harmonioso, mesmo no anonimato.

Nossos descontroles emocionais nos escravizam, e quanto maior for a nossa fama, mais vertiginosa será nossa queda se não soubermos administrar essa ascensão. Vemos constantemente homens de cabelos grisalhos recolhidos em prisões, geralmente em um período da vida no qual precisaríamos de conforto, mas somos vazios de sabedoria e caímos nas armadilhas, e eu pergunto: quanto vale a paz? Eu não vendo a minha por entender que todo o dinheiro do mundo não compra a nossa paz, a vida é quase sempre cheia de atalhos, uns nos levam à liberdade, enquanto outros nos acorrentam e nos permitem apenas lembrar o que tínhamos e perdemos.

Todas as pessoas que colocarem o dinheiro em primeiro plano, vão se arrepender, mas será tarde. Um conselho, seja amigo do tempo e espere acontecer, o que tiver de ser, será. Precisamos lutar e procurar alcançar o nosso objetivo sem esquecer que a roda gira. Nas construções pessoais procure lembrar que construir na areia é perda de tempo, a onda leva. Para quem tem fama ou para quem está tentando alcançá-la, vá com calma para não perder a liberdade. Trabalhe, acredite nas possibilidades, mas cuidado com a subida, a subida é trabalhosa e leva tempo, descer é apenas detalhe.

E você, já pensou quanto vale a paz? Pense com carinho e não a perca, sentirá muito a sua falta. Cuide de seu emocional, não se exponha e nem exponha ninguém, use o bom senso e continue em liberdade.

CAMINHOS DA PAZ

Caminhos de paz são tesouros que a humanidade precisa começar a procurar. Esses mapas preciosos estão escondidos dentro de cada um de nós e não podemos permitir que eles fiquem em pastas de arquivo morto. Nossas vidas são sincronizadas com as mais diversas energias do universo e mesmo que não tenhamos o poder de alterá-las, podemos transmiti-las, transformando-as em ondas positivas.

Amar é o mais importante instrumento de navegação para encontrar os caminhos da paz, sair da posição de primeira pessoa e chegar ao patamar coletivo, amando e preservando, valorizando os conceitos básicos e prioritários, só dessa forma a vida alcançará os níveis necessários para que tenhamos a tão sonhada felicidade. Algumas pessoas não veem a vida da forma correta e pensam que são únicas e independentes, a realidade é bem diferente. Precisamos nos preocupar uns com os outros e ter a consciência que o mal que fizermos um dia volta, porque são nossas criações, entre criador e criatura existem laços infindáveis, o mundo gira e os dois se encontram, é uma lei natural.

Os caminhos de paz estão interligados com o universo, todos nós somos responsáveis, quando quebramos essa sintonia com atitudes que ferem o bem-estar coletivo, destruímos involuntariamente cada um de nós. As nossas imperfeições são características propriamente humanas, criadas para nos fazer evoluir, não sabemos ao certo se conseguimos ou não.

Essa incerteza é retratada na violência em níveis alarmantes, na falta de estrutura emocional, muitas vezes existentes devido à vida precária de algumas pessoas, por isso é aconselhável ouvir, raciocinar e só depois falar. A cultura de pensar que possui conhecimentos extraordinários está comprometendo o processo evolutivo, sabedoria e conhecimento são parentes, mas não é a mesma coisa.

Desenvolver habilidades para tornar-se melhor, é uma alternativa simples e de grande eficiência, pensar de forma coletiva e globalizada talvez seja o maior passo da humanidade, mas é preciso coragem, porque será uma luta travada com o instinto.

TÁ TODO MUNDO LOUCO

Tá todo mundo louco, uma música do irreverente Silvio Brito, lançada no ano de 1974, mostra a verdade nua e crua das nossas incontestáveis loucuras. Nesse ano eu estava saindo do distrito de Ideal e vindo morar na capital, Fortaleza, sem ter a menor ideia do que seria trocar a liberdade dos banhos nos riachos pelo assustador e desconhecido oceano.

Muitas vezes ia namorar em cima das jangadas na praia de Iracema, ao som do harmônico e romântico barulho das ondas do mar, e no claro da lua. Para não fugir à regra da juventude, também era louco por aventura e imaginava ser natural deixar de convidar uma garota para ir ao cinema ou a um baile, para ficar no lastro de uma jangada. Ah, eu era apenas um intruso em meio ao silencioso mundo das gaivotas. Acontece que Silvio Brito está certo, tá todo mundo louco, pensando que possui sensatez e equilíbrio, na verdade a loucura nos coloca no arriscado mundo do faz de conta.

A loucura é uma reserva secreta e perigosa capaz de assumir e desenvolver personagens indesejáveis, sabe, daqueles que invadem o mundo dos outros, sem admitir a complexidade intempestiva de algumas ações, afirmando ser o que talvez nunca tenham sido, e tentando involuntariamente completar seu vazio, promovendo a infelicidade dos outros, não por querer, mas devido ao excesso de reserva da loucura.

Nós, os loucos, rimos, criticamos e julgamos os que sofrem com distúrbios diferentes dos nossos, e exatamente por serem diferentes, são contestados. É possível que alguns de nós possamos até transcender sem expor o nosso grau de loucura, e aquelas pessoas que se julgam normais, talvez sejam as mais loucas. Entendo perfeitamente que alguém possa, ou venha a apresentar defesas ou questionamentos, no entanto, é uma característica típica da loucura, afirmar sanidade. Essa reserva secreta e perigosa, quem tiver controle sobre ela, parabéns! Eu por muitas vezes a deixei aflorar para mim em níveis suportáveis, mas para outras pessoas, talvez, eu tenha cometido excessos involuntários. Isso é loucura, não se assustem, tá todo mundo louco.

MÁQUINA HUMANA

Máquina humana, sem dúvida a mais inteligente e complicada. Toda essa engrenagem que movimenta corpo e pensamento está sendo estudada desde o princípio da criação, e mesmo que a ciência a cada dia faça uma nova descoberta, ainda levará milhões de anos para decifrar a máquina humana e sua gama de segredos.

A maior explicação sobre tantas diferenças está em nossas digitais, em toda a humanidade não existem digitais que se repitam. Se a parte visível das mãos apresenta um mapa infinitamente diferente, imaginem o cérebro, guardado em sua caixa. Possivelmente, por desconhecermos ou ignorarmos tantas diferenças, é que sentimos a necessidade de encontrar alguém com pensamentos parecidos com os nossos.

Esse é um erro imperdoável, porque cada pessoa tem suas próprias emoções. O tempo vai passando e é normal que os desgastes aconteçam e, como acontece com outras máquinas, peças diferentes apresentam falhas, a vantagem é que podem ser substituídas, mas a máquina humana tem essa opção. Membros e órgãos sofrem com a ação inconsciente de muitos ou com a teimosia da maioria que continua desafiando a matéria.

Possivelmente o excesso em tudo seja o maior causador de tantos problemas, e como tudo passa pelo computador central que é o nosso cérebro, é normal ele apresentar falhas. Se tivéssemos a capacidade de distribuir tarefas plausíveis, e administrar um problema por vez, viveríamos mais e de forma saudável. Mas fazemos ao contrário, sobrecarregamos o sistema nervoso com coisas que sabemos perfeitamente que não são nossas, situações que somos humanamente incapazes de encontrar solução, mesmo assim insistimos em forçar a barra e quebramos a sintonia entre a lógica e a razão.

Para todas as pessoas que possuem, ou pensam possuir equilíbrio mental, segue um alerta: ative a consciência. Somos excelentes em encontrar erros nos outros, e péssimos em detectar a pane que existe em nós. Existem os que questionam Deus por tudo de errado ou injusto, mas a maioria dessas pessoas não dobra os joelhos para agradecer por uma graça recebida. Dizem que a humanidade foi um erro do criador, mas esquecem de que Ele é tão bondoso que nos oferece a coisa mais importante: a liberdade.

E o que faz a humanidade? Sem exceção, todos já tiraram a liberdade de si ou dos outros, e não foi por orientação divina. A máquina humana tem curtos-circuitos constantes, e num desses ela pode parar. Isso só acontece porque existe excesso em tudo. Tá na hora, ou melhor, passou da hora de agir, começar os reparos sem ter vergonha de fazê-los, ficar bem para ajudar alguém, muitos já perderam as forças, e dependem de nós. Não se perca em julgamentos, culpando Deus ou o tempo, se encontre, e comece a agir, quanto aos que se julgam perfeitos, estão todos doentes e precisamos ajudá-los. A máquina humana falha igual às outras; tão importante quanto encontrar o defeito, é corrigir.

APRENDA COM O PASSADO

Aprenda com o passado e entenda que a vida não é tão colorida como pintam algumas vezes, muito menos é em preto e branco. Existem momentos em que o véu cinza nos cobre e passamos por diversos testes. Não ter vergonha de assumir falhas passadas, é uma virtude que poucas pessoas possuem. Todos já erraram e vão continuar errando, isso não significa que teremos de continuar em nossa trajetória vergonhosa e viver nos escombros do tempo.

A vida é muito mais enganosa do que pensamos, rir, ou chorar, são papéis comuns em nosso script pessoal, todas as pessoas são capazes, desde que se disponham, a enfrentar seus monstros. Aprenda com o passado e se projete no presente. Viva as mudanças que a sua consciência exige, reaja aos hábitos conservadores da negatividade e saiba que somos todos projetos inacabados, ou seja, continuamos imperfeitos, mas possuímos uma grande força interior que pode nos aproximar do que precisamos ser. É preciso levar em conta a individualidade, mas precisamos também pensar de forma coletiva, como e quando poderemos ajudar as outras pessoas, principalmente as que se mostram vencidas pela vida.

Renascer é preciso, sair da zona de conforto, aceitar novos desafios. Nunca desista do que você precisa para ser feliz, mas, antes de tudo, identifique o que realmente é felicidade, muita gente corre incansavelmente procurando fama e dinheiro, escute seu coração, ele está quase sempre em atrito com seus desejos, aprenda a se perdoar e corrigir suas falhas para não se acostumar a ficar se culpando e se desculpando, precisamos aprender a viver.

BEM-AVENTURADA ESPERANÇA

Bem-aventurada esperança, essa energia que move o nosso espírito e nos faz acreditar em uma vida melhor. Quando somos atingidos por sofrimentos e entramos na escuridão, a bem-aventurada esperança é a tocha acesa para iluminar o nosso caminho. Ela é tão poderosa que ainda conseguimos nutrir as nossas esperanças pelos outros.

Possivelmente, o que mais enfraquece a esperança é a nossa pressa, às vezes passamos grande parte de nossas vidas abraçados nas escolhas erradas, e quando descobrimos que estávamos enganados, nos agarramos ao desejo de melhor sorte e queremos isso pra ontem, ou seja, rápido demais. Ora, somos humanos, a esperança é iluminada e nos dá um tempo para repensar sobre o que precisamos. A segunda maior virtude da humanidade é esplêndida, no entanto está associada à primeira, a fé.

A esperança de um mundo melhor, que alguém possa ser mais humano, que o amor entre em cada coração, começa com a mais poderosa de todas as virtudes, acreditar que será possível e ter sabedoria para esperar que aconteça. Eis aqui uma verdade que nem todas as pessoas gostam de ouvir, a mudança começa dentro de cada um de nós. Como podemos esperar amor se semeamos intriga, esperança de paz se provocamos a guerra, cobrar lealdade se praticamos a traição, exigir respeito se não respeitamos. Nas inúmeras situações em que colocamos as nossas esperanças e não recebemos respostas, é porque nos permitimos habitar no lado escuro do universo, e só enxergamos a luz, porque ela nos oferece a oportunidade de fazer os nossos reparos pessoais.

Eu tenho esperança de que um dia poderei contribuir para um mundo mais justo, por isso comecei a monitorar as minhas injustiças, por gentileza, não confundir injustiças com regras que regem e organizam nossas vidas, as regras servem para todos, isso é justiça.

Cada um de nós carrega uma mochila sortida de sentimentos, alguns descartáveis, seria bom se tivéssemos a coragem de fazer uma limpeza diária em nossa bagagem, e descartar o peso desnecessário e perigoso. Eu acredito que a bem-aventurada esperança não vai me deixar esperando à toa. Ela vai aparecer, enquanto isso, vou aliviando meu peso para ficar mais leve. Se ela demorar a chegar e eu não estiver mais aqui, nos encontraremos no universo, se eu estiver mais leve, voarei mais alto.

QUEM MERECE CONFIANÇA?

Quem merece confiança? Muito embora não seja fácil identificar pessoas verdadeiras, podemos encontrá-las em nosso meio familiar e em ciclos de amizade. O ideal é começar observando as atitudes, quem sempre cumpre o que promete, quem se esquiva de falar mal de outras pessoas, ou até mesmo alguém que oferece solidariedade e depois não faz alarde por isso, e principalmente, quem nunca lhe abandonou.

Perseu no retorno para casa deparou-se com a desordem provocada por Polidecto, rei de Sérifo, que junto com seus seguidores destruiu a cidade. Perseu, vendo seu lar destruído iniciou um combate desproporcional, visto que o exército de Polidecto era composto por milhares. Perseu sentiu que não podia vencer, mas lembrou-se que tinha uma arma poderosa, a cabeça da Medusa. Falou aos seus amigos e aliados que fechassem os olhos, ergueu a cabeça da Medusa e transformou todos em pedra, inclusive alguns amigos que não acreditaram nele.

Quem merece confiança? Perseu, que venceu a Medusa e o monstro marinho de Ceto, poderia levantar dúvidas sobre sua capacidade? Mesmo assim, muitos dos que o conheciam pereceram por não confiarem nele. E nós, quantos heróis temos que são capazes de dar a própria vida para nos defender, por que duvidar deles? Ah, você não tem nenhum herói? Acredito que esteja falando a verdade, mas lhe aconselho a procurar com mais atenção, porque ninguém ficará sozinho, e nem que seja em uma galáxia distante encontrará a sua proteção.

Enquanto estivermos na Terra continuaremos perguntando, quem merece confiança? Difícil saber. A humanidade faz parte de um instável equilíbrio, pessoas mascaradas que afirmam ser o que nunca foram e dificilmente serão, anônimos que doam amor e mesmo assim são desacreditados, e assim, a noite e o dia seguirão dependendo um do outro sem a convicção de qual dos dois é mais confiável.

Se a gente parar e perguntar quem merece confiança, ficaremos assustados e talvez até percamos a esperança de um mundo melhor. Por isso, não diga que é confiável, apenas seja e as outras pessoas perceberão. Mas cuidado, mostre a sua real face, se usar máscara um dia ela cairá e a verdade aparecerá. Seja leal, respeite os valores humanos sem tentar subestimá-los ou comprá-los, seja autêntico e inteligente para não pretender ser dominante, cada pessoa é um mundo, e se não conseguimos controlar nosso próprio mundo, imaginem controlar o mundo alheio.

Quem merece confiança? Ninguém além do tempo tem a definição exata sobre essa tal credibilidade, para compreender, pensemos sobre lobos e cordeiros e a máxima de que nem tudo que parece é. Vamos reconstruir o mundo, ninguém cruzará a linha de chegada sem dar o primeiro passo.

SE TODOS PUDESSEM LER

Se todos pudessem ler esse alerta simples e vital para os relacionamentos, e tivessem forças para fazerem o sacrifício das mudanças interiores, o mundo ficaria mais leve.

Mesmo que algumas pessoas não queiram admitir, todos nós estamos doentes. A recusa em aceitar essa verdade já denuncia que o estágio da doença está elevado. A vida é um grande labirinto e nele, a cada instante, nossos anseios de encontrar a paz, fazem com que a gente esqueça que os outros também estão na mesma busca, e a nossa insensibilidade torna-se maior do que a consciência que deveríamos ter.

Em muitas vezes somos agressivos com quem amamos e na maioria dos casos nos estressamos por coisas banais, mas devido à nossa doença psicológica de querer tudo ao nosso modo, ignoramos que nem sempre estamos com a verdade, mesmo assim, a nossa insensatez é tão grande que ofendemos de forma grosseira.

Se todos pudessem ler seu próprio livro, com certeza fariam muitas revisões. A forma como escrevemos a nossa vida, em muitas situações incluímos personagens que não são nossos e mesmo assim queremos administrá-los como se fossem, eis um grande perigo de atrito, administrar a vida alheia.

Talvez se tivéssemos sabedoria para entender que cada pessoa é um mundo, não seríamos tão opressores. O nosso psicológico está tão fragilizado que perdemos muito tempo com assuntos insignificantes e deixamos de valorizar o que de fato interessa, a nossa vida.

Precisamos aprender a viver, amar nunca foi nem será exercer poder sobre as pessoas, mas muitas vezes a nossa carência de poder é tão desastrosa que fugimos da lógica e assumimos um papel dominador, como se os outros fossem propriedades nossa.

Está no tempo de rever alguns de nossos conceitos ultrapassados. Precisamos procurar a cura para nossa doença, e isso só será possível se admitirmos a nossa vulnerabilidade. Se todos pudessem ler os pensamentos alheios, enlouqueceriam ao ver tanto desespero. O mundo de cada pessoa carece de reparos, os que tiverem forças para fazê-los que comecem de forma gradativa, para que possam em médio prazo ajudar os que estão fragilizados.

Fica um alerta: antes de elevar o tom de voz ou de julgarmos, precisamos ter convicção de que os nossos atos são coerentes com a verdade, e mesmo assim, devemos ter o equilíbrio suficiente para entender que tais distúrbios não são intencionais, são efeitos do descontrole psicológico causado por um mundo envolto em transições constantes, e ter a consciência de que o universo somos todos nós.

A SOMBRA DE UM SONHO

A sombra de um sonho envolve a existência das energias misteriosas desse imensurável universo, as quais quase sempre são questionadas porque não são evidenciadas pelas poderosas lentes de filmagem.

Em uma viagem turística, um rapaz passou por momentos aterrorizantes através de um pesadelo. O dia foi divertido e o corpo pediu repouso. Deitou-se, apagou as luzes do quarto e, em poucos minutos, já estava dormindo. Cama macia, lençol perfumado, ambiente climatizado, tudo contribuía para uma noite agradável. Jamais imaginou que receberia uma estranha visita, mas aconteceu.

O pesadelo invadiu seu mundo, uma criatura o imobilizou e o levou para uma floresta escura. Com um arame, o amarrou no tronco de uma árvore e, com a respiração ofegante, falou baixinho ao seu ouvido: ama sua família? Vai deixar de amar. Uma mão com apenas três dedos longos bateu suavemente no peito esquerdo do rapaz, e com o indicador perfurou o mesmo e arrancou o coração, com a outra mão introduziu um grande besouro na garganta dele.

Assim que o besouro se acomodou no corpo, o sangue estancou e a cicatriz do peito sarou. O rapaz soltou um grito quebrando o silêncio da noite, acordou e não conseguiu mais dormir, nunca mais esqueceu o estranho que arrancou seu coração. Os dias passaram e ele continuou impressionado e triste, mas nunca comentou com ninguém sobre o sonho bizarro.

Uma noite foi até a farmácia comprar remédio para dormir, ao aproximar-se do balcão, a atendente deu boa noite e falou:

— Expulse o besouro que tem dentro de você.

— Como sabe disso?

— Ouvi seu pedido de ajuda. O besouro é o medo e está lhe dominando e se fortalecendo com o seu silêncio. Tem que expulsá-lo, pense no quanto você ama a sua família, pense só nisso. Se não criar coragem, nunca mais será você. Eu lhe ouvi, mas você nunca pediu ajuda aos que lhe amam, como poderiam lhe ajudar? Não tenha medo do escuro, nenhuma escuridão resiste a luz do amor, volte a viver e saia da sombra do sonho. O medo grita alto dentro de nós para nos fazer silenciar, aí ele nos domina e nos destrói. Grite, grite o mais alto que for possível, só assim ele abandonará a sua morada. Encare seu medo e destrua sua base, quebre o silêncio, grite, grite e viva.

A ESPADA DE CRISTAL

A espada de cristal era um amuleto utilizado no tribunal, se existisse dúvida em alguma confissão, ele seria fundamental para mostrar a verdade. Surgiu um boato de que a espada de cristal tinha desaparecido e as filas ao redor do tribunal aumentaram. As pessoas queriam um julgamento leve, sem a presença da espada ficaria mais fácil alegar inocência.

Mesmo assim, nem todo mundo queria ir ao julgamento. Um rapaz que tinha algumas dívidas com o universo recebeu uma visita inesperada. Pensando que o passado havia sido enterrado e nunca mais teria de responder por ele, chegou um cavaleiro e anunciou: o juiz mandou buscá-lo. E sem poder oferecer resistência, o homem subiu em um cavalo alado rumo às nuvens escuras.

Chegou ao tribunal, um salão enorme repleto de sombras de todos os passados, onde cada pessoa contava sua história e pedia perdão. O juiz chamou o próximo réu, e o homem, sempre acostumado a mentir e enganar, foi logo dizendo:

— Sou gente boa e dediquei minha vida para fazer o bem.

— Lembra-se de alguma maldade ou algo que mereça algum castigo?

— Não, nunca cometi maldade alguma.

— Já que não se lembra, posso chamar uma testemunha?

— Claro.

— Que entre a sua consciência e lhe dê um abraço, se continuar a não se lembrar de nada, estarás livre.

Uma sombra surgiu e abraçou o homem. Na concha acústica do auditório foi possível ouvir estalos de ossos se quebrando e o barulho do sangue dilatando as veias, o juiz olhou para ele, que já estava com as pupilas cheias de sangue e perguntou:

— Lembrou-se de alguma coisa?

O homem ergueu o polegar num sinal de positivo. Um frio tomou conta do tribunal, um corvo gigante voava com uma espada de cristal entre as garras e a colocou num punho de marfim, próximo ao juiz.

Todas as paredes se transformaram em telões com imagens da vida daquele homem. Que vergonha, havia roubado o mais sagrado da vida, a esperança. Feriu com ingratidão o amor com o qual foi presenteado. Ele baixou a cabeça porque toda a verdade apareceu. O juiz, com um cetro de prata, ergueu o queixo dele e falou:

— Não fique triste, todo mundo erra. Seu erro é inconcebível, mas hoje estou de bom humor e vou lhe dar um presente. Viverá muitos anos ainda em uma cadeira de rodas, ficará dependente, pedirá água e comida, mas nem sempre terá. Não se desespere, esse tribunal é justo e eu prometo nunca esquecer de você, de vez em quando enviarei a sua consciência para lhe dar um abraço.

O homem acordou, revirou o passado e ficou assustado. Depois de alguns dias decidiu não mais se preocupar, tinha sido apenas um sonho. Na volta para casa sofreu um acidente, perdeu os movimentos dos membros inferiores, a audição e parte da visão. Quando a noite chegava e apagavam as luzes, ele entrava em desespero pensando quando iria receber aquele abraço.

O COMEÇO DO FIM

O começo do fim, ou o início das promessas de uma vida nova? Uma coisa é certa, os tempos mudaram muito. Não é por causa da violência, porque desde o começo do mundo que ela ronda todos, muito embora nos dias em curso ela esteja escancarada, mas sempre existiu.

A velocidade do tempo está incrivelmente acelerada e parece que os relógios se adaptaram discretamente. Não sabemos ao certo se a Terra subiu ou o firmamento desceu, mas a todo instante as descobertas evidenciam uma mutação em curso no universo. Astrônomos descobrem mais estrelas e planetas, meteoros são registrados nas poderosas lentes dos observatórios, visitantes interestelares estão mais frequentes, buracos negros mais famintos, tudo isso talvez seja o início do fim.

Os arqueólogos em suas escavações mais recentes encontraram cidades soterradas há milênios, muros e artefatos que haviam sucumbido ao tempo, cadáveres gigantescos, provavelmente dos tempos de Golias, no Mar Negro; encontraram uma antiga embarcação grega que naufragou há mais de dois mil e quatrocentos anos; no sítio arqueológico de Sacará, no Egito, encontraram a múmia dourada de um sacerdote persa do período 664 antes de Cristo, a história se transforma a cada descoberta.

O começo do fim das dúvidas sobre o que conta a História, as crateras de Marte já não são segredos, explosões no universo, planetas habitáveis, perigo de catástrofes, a ciência e sua interminável busca para confirmar teorias não para de avançar, a cada dia com tecnologias mais avançadas, vai projetando um novo mundo.

Se estivermos no começo do fim, ainda deverá acontecer muita coisa. Malin viu corpos estranhos e guerras no universo bem antes dessas divulgações, no entanto, ele virá em uma missão pacífica, mas alertará a todos sobre uma guerra existente acima das nuvens, e mostrará muitos caminhos para a humanidade voar com segurança. Em 2015, ele já alertava nas reuniões do conselho cósmico sobre uma tragédia na Terra, e recentemente a NASA falou sobre um projeto piloto de enviar uma nave para chocar-se com um meteoro, e depois estudar uma possível defesa caso a Terra corra perigo.

Ainda hoje existem dúvidas da ida do homem à Lua, independentemente disso, é tolice ignorar o avanço tecnológico. Mas parece que estão esquecendo um detalhe, a Terra é só um pontinho perdido em um universo com milhões de galáxias e trilhões de estrelas, aqui é só um pontinho.

O MUTANTE DE ÓRION

O mutante de Órion não veio à Terra a passeio, e mesmo sabendo que a recepção é duvidosa, não vai desistir de sua missão e visitará todos os lugares do planeta. O conselho interplanetário, há milhões de anos, espera a evolução da consciência humana, por conta disso, Malin estará na Terra mais uma vez, colaborando e divulgando o bem.

Ninguém será esquecido, o mutante de Órion conhece o sofrimento existente de todos. Sofrer, quem pensa que esse infortúnio atinge só os menos favorecidos, está enganado. É lógico que as pessoas mais afortunadas, às vezes, sofrem menos porque os recursos lhes favorecem. Mas não se iludam, a lágrima que umedece a pobreza, também molha o ouro. O mutante de Órion não tem interesse em influenciar ninguém, ele defende a livre escolha e sabe que para cada pessoa existe um mundo diferente.

Malin estará na Terra para divulgar o bem e, através da conscientização, diminuir o sofrimento. Em uma de suas aparições ele falou que a guerra é desnecessária, porque o dia e a noite têm seus seguidores. A vida precisa ser vivida de forma mais humanitária, onde as oportunidades desenvolvam um processo de aproximação, diminuindo as diferenças.

O mutante de Órion vai visitar você, mesmo que muita gente não acredite em sua existência, ele visitará um a um. Quando chegar a sua vez, deixe-o entrar. Ele falará de amor e do desejo que todos possam conhecer as estrelas, não pedirá nada além de sua atenção, poderá chegar a pé, ou nas asas de um pirilampo, pode vir em forma humana ou animal, afinal ele é o mutante de Órion, pode assumir qualquer aparência.

Não lhe pedirá nada, ao contrário, virá oferecer luz. Não da forma que alguns fazem, prometendo o que eles não podem dar, ele não quer lhe ver entre a maré e o rochedo, quer lhe ver voando com a liberdade de uma gaivota. Mas a escolha é sua. O mutante de Órion não vai lhe assustar com fogo ou enxofre. De medo, a Terra já está cheia o suficiente para que todos se sintam inseguros. Malin vai apenas falar de paz.

Não precisa fechar a porta, o mutante de Órion não vai lhe forçar a tomar decisão, é mais um que vem em nome da liberdade. Abra seu coração, encha-se de sonhos e fantasias, viaje pelo mundo imaginário e seja o que quiser, vá à terra do nunca ou visite o paraíso. Mas lembre-se, seu amor construirá uma escada até as estrelas, e só você sabe em que altura precisa ficar.

ESSA ANGÚSTIA VAI PASSAR

Essa angústia vai passar, é ingenuidade pensar que existe eternidade na Terra, porque tudo é transitório e momentâneo. Você, que por alguma desilusão está sofrendo com o desconforto causado pela angústia, erga-se, com a certeza de que ela também vai passar. Somos uma grande árvore e sempre disforme, folhas caem, outras nascem, galhos quebrados são renovados, mas a árvore continua crescendo. Não podemos definir o que é exatamente bom para cada pessoa, esse continua sendo o grande segredo, somos todos diferentes e o que é ótimo para um, pode ser péssimo para outro.

Essa angústia vai passar, mas quando vierem as maravilhas, é bom se preparar porque elas também passam. Esse sistema de sobe e desce da vida é o que nos conduz aos degraus mais altos, pela necessidade de superar as adversidades, estamos sempre construindo nossas escadas tentando chegar ao topo. Muitas vezes, pensamos que o mais importante é chegar, engano, chegar é o resultado final, o foco principal é não desistir. É preciso ter sabedoria para entender as decisões alheias, porque nunca sabemos exatamente por que decidiram à sua maneira, de críticos e sábios o mundo está repleto.

Fama e dinheiro são tão passageiros quanto as nuvens, evitar atribuir status às pessoas é ser prudente. Existe uma grande comunidade de gente bem-sucedida que vive angustiada. Seja qual for o seu momento, de chão ou de estrelas, tudo vai passar, por isso o ideal é procurar equilíbrio para não cair dessa roda gigante chamada vida. Não se assuste, o sorriso e a lágrima andam de mãos dadas e se apresentam quando é oportuno. Somos um mundo de emoções, a vida é um labirinto, quem está fora das situações sempre tem soluções, mas quando se encontram dentro dele, a conversa é bem diferente.

Mas todo labirinto tem uma saída, e podemos até passar por ela várias vezes sem ver, mas no momento certo veremos. A ansiedade vai passar, o medo também, os problemas com certeza, nada aqui será eterno. Erga-se, tente de novo, encontre-se ou se perca nas buscas, mas não esqueça que tudo passa, e a angústia também passará.

À MEIA-NOITE

À meia-noite, na praça ainda ecoava a décima segunda badalada do sino da igreja matriz, se a praça horas antes era festiva, agora recebia um visitante ilustre, o silêncio. Um mocho pousou sobre um galho seco de um cedro despido de suas folhas, sua copa agora estava rosada de flores, parecia um grande buquê oferecido à deusa lua. Seu voo foi tão silencioso que nem abalou as primeiras gotas de orvalho que caíram na árvore. O silêncio parecia deitar-se em cada banco onde o único som era do vento.

A madrugada enchia-se de encantos, o frio e a solidão passeavam de mãos dadas sem ninguém para quebrar o místico momento. Sem pessoas, sem barulho, só os espíritos visitavam seus lugares prediletos, agora em uma liberdade merecida e incontestável. De repente, o som de um violão e a voz trêmula de um ébrio fez-se ouvir bem distante. O mocho em seu disfarce de um galho morto não se incomodou e permaneceu estático.

Aos poucos, o seresteiro solitário se aproximou da praça, sentou-se em um dos bancos e abraçou a sua saudade, cantou seus devaneios e as lágrimas refletiam as pequeninas estrelas, luzes apagadas, só o brilho do firmamento clareava a praça, à meia-noite, a ausência da luz e as sombras visitantes misturavam-se à nostalgia daquele anônimo triste, que sem saber que tinha uma plateia a lhe ouvir, conversava com o passado.

Por incrível que pareça, temos muitas meias noites dentro de um dia, onde ficamos nas praças de nossos pensamentos, cantamos o ouvimos as músicas de nossas lembranças e, involuntariamente, nos perdemos e achamos dentro das nossas vidas e sonhos, mas sempre temos um público a nos ouvir, nem que seja a nossa própria loucura.

Nossas vidas são repletas de luzes e sombras e nos permitem ser aquilo que é aparentemente nosso mundo, mas precisamos de uma certeza, as estrelas continuam brilhando e iluminando nossos caminhos.

UMA ESTRELA VAI BRILHAR

Uma estrela vai brilhar e iluminar universos individuais e coletivos, nada ficará sob o frio da tristeza, a claridade chegará a todos os portais, e até mesmo no submundo as sombras receberão reflexos e sairão do sofrimento. Quando isso vai acontecer? É segredo, mas tudo começará dentro de cada um de nós e, por incrível que pareça, seremos iluminados com formas tão surpreendentes que saudades e lembranças acenderão as nossas vidas e farão com que possamos mudar para iluminar o mundo.

Olhando o firmamento sem estrelas, nuvens carregadas e escuras tingiam o céu com o cinza da melancolia, eu e tantas outras pessoas mergulhamos em nossos oceanos gelados pela frieza das nossas muitas ausências, o vento que carregava as nuvens desenhou uma janela, parecia uma entrada secreta para um mundo distante e desconhecido. Apenas ilusão, talvez fosse uma passagem estelar, mas o nosso subconsciente não nos deixa ver o que é real, está interligado com as nossas estruturas emocionais, ficamos cegos e perdidos em nossa linha imaginária.

A noite vestiu-se com seu manto e, em meio à escuridão, uma lâmpada iluminava um pé de jambo, algumas mariposas dançavam próximo, atraídas pela luz, muitas não tiveram sorte e tiveram suas asas queimadas, mas por que procuravam a luz? A maioria dos insetos voa em direção à luz do luar e pensa que pode chegar até lá. A luz é vida. Uma estrela vai brilhar, mesmo que tenhamos as nossas noites de mariposas, isso não nos assusta, independente aonde chegarão, voam. Voam e tem a coragem de procurar a luz, porque o que mais escurece a nossa vida é ter medo.

Um dia a estrela vai brilhar e iluminar o caminho de todos nós, seja aqui ou nas constelações universais, ou até mesmo dentro da alma de cada pessoa, mas nada será em vão. Viveremos em outras dimensões e seremos conduzidos pela luz e nunca estaremos distantes o suficiente para deixar de ver a quem amamos. A estrela que iluminará o mundo está próxima e resplandecerá. Precisamos aprender a ver e sentir, existem muitos segredos que podemos desvendar, acreditar que somos a chave para muitos deles, já é um avanço extraordinário. Não deixe sua luz apagar, não podemos perder a sintonia com o universo, somos e seremos começo, meio e recomeço.

A CAVERNA E O SOL

A caverna e o sol não desaparecerão, existe uma relação de dependência e amparo sem a qual seria impossível um sobreviver sem o outro. O principal motivo é a constante necessidade de evoluir, quando somos de forma proposital ou involuntária, luzes e trevas, ninguém ao certo pode definir ou qualificar o grau de relação existente entre a caverna e o sol.

Muitas vezes pensamos que o nosso brilho é tão grande que queremos ser o centro da galáxia e nem percebemos a nossa imensurável escuridão. Já em outros momentos, somos a estrela guia de quem caminha nas sombras. Todos nós conhecemos a caverna e o sol, quando estamos sob o domínio de um deles somos apenas seres insustentáveis e fragilizados pela falta de conhecimentos.

A humanidade sofre com a sua própria insanidade, e sem querer aceitar a existência de suas contribuições, avança célere rumo ao abismo. Precisamos aprender com os nossos erros e consertá-los, somente os insensatos ignoram as falhas que cometem sem procurar corrigi-las, esquecem os efeitos naturais da ação do tempo, esse por sua vez não faz escolhas, apenas segue seu trajeto.

A caverna que existe em cada um de nós não pode permanecer sem luz, permitir que o sol possa brilhar é a maneira mais simples de iluminar o caminho de outras pessoas, sem o sentido de evolução jamais chegaremos às estrelas. Ilumine-se e permita que sua luz resplandeça, não devemos esperar, vamos tomar a iniciativa e fazer sem pensar em reconhecimento, se a gente levar o sol até a caverna, talvez não possamos mudar todo o mundo, mas mudaremos a vida de muitas pessoas.

A caverna nunca estará iluminada o suficiente, sempre existirá espaço para a luz, se a gente conseguir ser um pouquinho só do sol que tantos precisam, estaremos iluminados e sairemos das trevas e sentiremos a presença do sol em nossa caverna.

POR QUE ESCOLHERAM A TERRA?

Por que escolheram a Terra? Será que isso aqui é a lixeira do universo? A verdade é que não sabemos de onde viemos e muito menos para onde vamos. Esse planeta é tão confuso que está cheio de moradores criando céus e infernos sem saberem exatamente em qual deles habitarão na próxima morada.

Em um universo tão imenso começa uma batalha por poderes, e o diabo com seus adeptos cai exatamente na Terra, porque aqui tudo é contraditório. Quem mata em nome de Deus é considerado anjo, mas os que não aderem os desejos dos formadores de deuses, são condenados. Parece que a vida e a morte são essências do mesmo jardim, mas vemos de forma diferente e por isso nos alegramos com o nascimento e choramos com o encerramento de um ciclo.

Alguém já parou para pensar por que nos tiraram da Terra? Alheio a cada teoria ou pensamento, só quem criou o universo sabe o porquê de cada coisa. Quem escreveu os grandes livros ou recebeu os segredos selados mereceram a confiança, mas o segredo da vida e da morte nenhum deles conhece, e talvez se perguntem, por que escolheram a terra?

Qual a graça existente em tanto sofrimento? Por que tanta dor? Será que o criador quer assim, ou a humanidade tem o diabo como escudo para ser o que realmente é? Independente de termos parado no fim do mundo e na última estação do universo, não somos prisioneiros. No tempo certo e marcado por quem realmente é o dono de tudo, a vida acontecerá.

Em um sonho, uma fada me disse que a humanidade será livre um dia, mas quando perguntei por que escolheram a Terra para tantas experiências, ela sorriu e disse que esse é o grande segredo, a única coisa que poderia falar é que na Terra, muitos falam, poucos escutam, e ninguém sabe nada além daqui.

A ESTRANHA LOUCURA DE AMAR

A estranha loucura de amar nos prende ou liberta, dependendo da nossa consciência. O amor é um sentimento perseguido pelo vazio de muitas pessoas que priorizam seus desejos, maculando a sensibilidade e destruindo sonhos. A estranha loucura de amar envolve confiança e lealdade, e muitas pessoas mergulham em águas rasas, pensando que encontraram o oceano.

Existem pessoas que são verdadeiras miragens na vida dos outros, e o que poderia ser sombra, é apenas fantasma. Os maldosos são vampiros errantes, sem amor, sem consciência e fadados a morrer solitários, e jamais sentirão a estranha loucura de amar, porque são apenas ninguém. Amar é sentir a presença sem precisar ver, é se doar sem pedir retorno, é se permitir corrigir e excluir o nocivo sentimento de individualidade.

Precisamos sair do círculo artístico da representação e assumir a verdadeira relação com a verdade, é muito difícil evoluir ao ponto de amarmos primeiro aos outros, se nem amamos a nós mesmos, se nos amássemos aprenderíamos a perdoar, respeitar, entendendo que o amor não tem limites. Quantas vezes perdemos entes queridos e ficamos lamentando a ausência, e por motivos inexplicáveis, estamos tão próximos e ao mesmo tempo tão distantes.

A estranha loucura de amar nos permite estar onde o nosso amor nos levar. Podemos amar sem ver se realmente tivemos amor, alcançaremos as nuvens, ou nem precisamos sair de onde estamos, porque o amor é uma essência pura com sintonia eterna. Chorar a ausência é natural porque estamos limitados a ver apenas o visível, quando a estranha loucura de amar permitir que possamos amar o invisível, as lembranças cederão lugar aos momentos e entenderemos que o amor transcende, mas não acaba.

Ame como se fosse o primeiro momento, tenha a certeza que o mundo é uma energia mutável, não vemos, mas podemos sentir, e o nosso ciclo é renovável, jamais nos perderemos. A estranha loucura de amar é isso, continuar acreditando nos reencontros, tentar substituir a lágrima por um momento especial, e as pessoas que foram abraçadas pelo sofrimento, que possamos levar até elas uma mensagem de esperança e procurar sabedoria para ser você, porque cada pessoa é um mundo.

AS FUTURAS GERAÇÕES

As futuras gerações não esperam da gente o impossível, bem diferente das gerações passadas que acreditavam em contos de fadas, que num toque mágico os desejos se realizavam, a atual geração sabe perfeitamente que isso é impossível. Quanto às futuras gerações, cabe a nós garantir a elas o direito de igualdade e qualidade de vida, um desafio extremamente delicado devido ao momento de instabilidade no qual vivemos.

Elas não esperam heróis fictícios escondidos por trás de uma capa e muito menos os invisíveis ou casuais, o que podemos oferecer é a nossa doação de amor e solidariedade transformando o mundo em um berço receptivo. As nossas ações valorosas transcendem e se não estivermos mais aqui para ouvir agradecimentos ou recebermos medalhas de honra, o todo poderoso universo se encarregará de nos homenagear.

O mundo precisa de uma reformulação urgente, quem o criou sabe dessa carência e está oferecendo mais uma oportunidade a cada um de nós. Seja você o primeiro a dar início a esse movimento, motive outras pessoas com projetos para transformar o mundo e torná-lo melhor. Pode iniciar combatendo o preconceito e diminuindo os julgamentos, doando um pouco de suas sobras às pessoas carentes e excluídas. Doando, principalmente, esperança e possibilidades, tratando-os de forma humana e fazendo o sacrifício do perdão.

As futuras gerações nasceram em um mundo mais competitivo, mais um motivo para recebê-las com igualdade de direitos. Não será tão fácil quanto pensamos, mas é possível, afinal milagres existem. Começar agora é uma tarefa de todos, temos exemplos de pessoas que apenas com desprendimento conseguiram trazer esperança e vida para muitas pessoas. Não precisamos de muito, às vezes temos tanto e nem vemos, o mundo e sua incontrolável ganância está corrompendo corpo e espírito, podemos evitar que isso aconteça.

Precisamos de coragem, não se preocupe com as críticas, faça o mundo melhor e proporcione às futuras gerações uma vida mais desacelerada e consciente, pense nas dificuldades que passou, o quanto sofreu e não permita que passem pelo mesmo drama. O amor é o pão que mata a fome dos desamparados, respeito é o trator que esmaga a desigualdade, consciência é a mãe de todos os sentimentos benéficos à vida, então, por que esperar se podemos fazer alguma coisa de positivo? Pense, as futuras gerações vão ouvir falar do seu nome e ficará imortalizado.

NÃO BASTA SER BOM

Não basta ser bom, temos de contribuir com boas ações e saber que não precisamos apontar negativamente o que não faz parte das nossas causas. Agir com sabedoria doando amor e solidariedade sem exigir reconhecimento, atuar de forma anônima com a certeza de que o universo acompanha o nosso esforço para transformar o mundo, diminuindo a dor e a desigualdade.

Possivelmente, ainda temos equilíbrio para entender as tantas contradições do comportamento humano, fazemos julgamentos com bases sentimentalistas e condenamos sem direito a defesa, nossas perdas se transformam em mágoas e iras e desconhecemos os motivos da irracionalidade, somos máquinas em curto circuito que podem entrar em pane, por isso não basta ser bom, é preciso ter coragem de fazer o bem, não queremos mártires, o que realmente acontece é que a humanidade está carente de igualdade e respeito.

O mundo sangra com tanta tristeza e desespero, cada pessoa com um tipo de dor diferente e algumas ainda pensam que alguém vive sem sofrer, é um enorme engano. Do nascer ao morrer todos constroem e destroem seus próprios castelos, e poucos sabem que isso acontece de forma involuntária, não existe prazer em sofrer ou fazer sofrer, os distúrbios nascem e morrem, e muitas vezes em segredo.

O dia e a noite estão dentro de cada um de nós, mas vivemos confusos em meio a tantas incertezas, espinhos e flores em nossos caminhos, não sabemos de onde veio ou quem os colocou lá, pensamos apenas, tais conjecturas influenciam as dualidades existentes, e saber exatamente o porquê dessas estranhezas é um segredo. Ser feliz não é ter dinheiro, beleza, juventude, amigos, é ter felicidade.

E o que é isso? Como conseguir? Ninguém sabe, essa busca é milenar. Observe a natureza, a paz do carneiro no campo, a liberdade das borboletas, as pequenas correntezas, o sorriso de uma criança, a lágrima que vem da alma, a esperança, e talvez veja que a felicidade é uma fada passageira, faça o bem, não basta ser bom, faça alguém feliz e quem sabe a fada lhe encontre.

AÇÃO PREVENTIVA

Ação preventiva evita maiores desgastes e condiciona as pessoas a conseguirem resultados satisfatórios. Nem sempre é possível alcançar cem por cento das nossas expectativas, no entanto, quando colocamos uma ação preventiva como um plano especial, a possibilidade para alcançar o sucesso é bem maior.

A vida é uma programação contínua, mesmo antes de a gente nascer, já começam os preparativos para a nossa recepção. Imaginem resolver tudo de última hora, o sufoco que seria, quem é pai ou mãe entenderá perfeitamente a situação, por isso que nos programamos, e mesmo assim quando chega o dia, geralmente percebemos que deixamos passar algum detalhe. Ao longo de toda a programação, ouvimos conversas referentes a casos dessa natureza, o que poderia com certeza servir de alerta e evitar que acontecesse com a gente.

Um dos principais fundamentos de uma ação preventiva é o conhecimento, então o que devemos fazer? Procurar as respostas e tirar as nossas dúvidas. Quem vai nos orientar aprendeu com alguém porque ninguém nasce sabendo, depois que tivermos aprendido é hora de colocar em prática. De nada adianta aprender e não desenvolver o aprendizado.

Outro erro gravíssimo que cometemos é o de esperar que as outras pessoas façam o que é de nossa responsabilidade, ou querer justificar as nossas falhas apontando os erros alheios. Programe-se, se não tiver uma boa memória, utilize uma agenda para as anotações mais importantes, isso é uma ação preventiva. Atualize-se, as mudanças ocorrem na velocidade da luz, a cada segundo uma prática já está obsoleta.

Ação preventiva inclui iniciativa, só erra quem tenta fazer, as pessoas que preferem ficar de braços cruzados temerosas de cometerem um erro, continuarão sem aprender e estarão fadadas ao insucesso. Faça, se errar, corrija. Pergunte, se não entendeu, pergunte novamente e ouça com atenção. Saia do básico, seja diferente, ativo, proativo e emergente, faça uma ação preventiva e prepare-se para desfrutar os privilégios conquistados, desenvolva um comportamento preventivo e esteja preparado para a chegada do futuro.

NOS JARDINS INVISÍVEIS

Nos jardins invisíveis as ninfas desenham castelos de sonhos e lembranças, mas não estão sozinhas, muitos de nós teremos a oportunidade de conhecer as paisagens onde a paz é constante, muito embora a gente não possua o dom de enxergar o invisível, não tenham dúvidas, ele existe e nos acompanha, procurando nos fortalecer no mundo visível.

A vida é uma fada mutante e não percebemos, estamos constantemente encantando e desencantando, sem pensar que nos jardins invisíveis alguém nos resgata através dos portais do tempo. Somos eternos viajantes, e o melhor, tudo isso é segredo. Ao contrário de nós, pequenos aprendizes do universo, que mergulhamos na ilusão das nossas inteligências, na verdade, somos apenas missionários dependentes de um controle supremo, o qual afirmamos que existe, mas sequer o vemos e muito menos sabemos onde está, mas existe.

Uma tarde, a neve caía sobre os jardins invisíveis, tudo por perto ficou aparentemente triste, o que teria acontecido? Uma lágrima havia caído e congelado todo o vale, mas logo ali nos jardins invisíveis, onde a paz e a felicidade são inabaláveis. Sim, mas a lágrima não era de lá, era do nosso mundo.

Uma linda borboleta azul tocou as suas antenas em uma flor e fez com que algumas gotas de água caíssem sobre o gelo. Um anjo ergueu-se e desapareceu nas nuvens, voou para a Terra com uma missão, informar aos tantos anjos residentes que tristezas e saudades precisam ser administradas, porque o amor não perde contato com os jardins invisíveis e todo o universo está interligado.

Na Terra, somos visitantes temporários e por isso cultivar o amor é a lente que precisamos para ver os jardins invisíveis. Quem criou o universo pensou em todos os detalhes e jamais nos abandonaria, as idas e vindas são exatamente os nossos reencontros, amar é continuar com a esperança e a certeza de que existem muitas moradas e muitos jardins invisíveis, aqui nos enganamos com o tempo, mas o tempo não se engana com nenhum de nós.

A HERANÇA DE JANO

A herança de Jano é um presente para toda a humanidade, a dualidade entre o passado e o futuro é uma realidade da qual muitos fogem, principalmente os que, por algum motivo, querem apagar seus rastros. O deus dos inícios e das escolhas, com as faces voltadas para o tempo do antes e do depois, representa as nossas tantas faces que, às vezes, ignoramos, não por desconhecer a existência das mesmas, e sim por temer críticas. A humanidade ainda não desenvolveu um tipo de amor resistente, e sofre com seus apegos a interesses egoístas, maculando a dignidade de muitos.

Jano, o deus das mudanças e transições citado em tantos recomeços, está presente em todos nós, e a herança compartilhada com todas as gerações servirá de aprendizado para que possamos ser mais prudentes em nossas escolhas, porque elas nos representarão em todos os tempos. No livro *O Enviado de Órion*, Malin é conduzido ao templo de Jano, um monumental castelo em uma floresta encantada, lugar escolhido pelo deus para viver e promover a vida, e lá aprende uma valiosa lição. Suas faces inversas, ora bondoso, ora malvado, simbolizam as nossas diversas aparências.

Muitas pessoas nos aconselham esquecer o passado e fortalecem a ideia de que o que passou, passou, e não importa mais, mas a maioria dos divulgadores dessa tese têm suas faces voltadas para um tempo no qual viveram. É impossível apagar a história, porque é exatamente ela que nos mantém vivos por todas as gerações, e através dos nossos feitos poderemos ser passado e futuro para muitas pessoas.

SERÁ QUE AMAR É ISSO?

Será que amar é isso? Dominar, se apropriar, controlar, exigir, proibir, ordenar, ou será que amar é proteger, entender, respeitar, confiar? Talvez essas diferentes formas de amar sejam exatamente o que provocam as convulsões nos relacionamentos. Sabemos que temos mundos diferentes e jamais poderemos condenar ou querer administrar vidas alheias, mas precisamos analisar que tipo de amor é o nosso, que forma de amar nós adotamos. Ou será que amar é isso? Possuir, sufocar, julgar e querer.

Ah, cada um ama de um jeito diferente, mas porque algumas pessoas amam imitar tanta gente? E nem conseguem entender que amar não é se impor, muito menos desconfiar ou comparar, exagerar em proteções, mesmo querendo o melhor, acabam fazendo o pior. É complicado, amor é um assunto delicado porque envolve emoção e razão. Mas é preciso juízo, às vezes, aos poucos enlouquecemos, passamos a agir de forma incerta, fazendo exigências, querendo definir ou restringir algo que não é nosso, ficamos inconscientes, dependentes, carentes e inconsequentes, dominantes, arrogantes e prepotentes.

Isso é o que somos, no ápice das nossas estranhezas, acreditamos ter certeza de tudo e isso não é suficiente, mas a nossa insanidade é tão gritante, que a cada instante pensamos diferente. Somos estressados em nossas convivências, enganados por tantas aparências, a as nossas preocupações constantes, pelo que possam pensar ou falar de nós.

Quanto a nós, pouco importa se choramos ou sorrimos, em relação a quem amamos, como ficamos? E quando a carruagem do tempo passar, não saberemos se eu, você, ou quem mais irá chorar por não ter aprendido a amar.

Será que amar é isso? Será que o amor vive disso? Difícil responder, mas para não sofrer, é melhor amar sem se preocupar com o que vão pensar, isso vale para mim e para você.

AS CORRENTES DO MEDO

As correntes do medo poderão ser resistentes ou vulneráveis, livrar-se delas depende muito da nossa coragem e resignação. Vencer o nosso medo é algo desafiador, porque alimentamos esse monstro de tal maneira que acabamos reféns e, muitas vezes, aceitamos essa condição, quando na realidade precisamos chutar o balde bem alto para ver no que dá.

Tenho um amigo que serve como uma referência para essa situação. Um cara grandão, 1,90m de altura, corpo de lutador de boxe, um cara novo, sarado, mas medroso. Se aparecer um grilo no ambiente, ele corre e sobe em mesas, balcões, escadas, talvez tente até voar, mas no chão não fica. A grande pergunta: que perigo pode representar um grilo para um adulto desse porte? Com certeza o problema não é o bichinho pular, mas sim, o psicológico do meu amigo que está fora de controle em relação a esse problema.

Se quisermos vencer o nosso medo, precisamos primeiro controlar o nosso psicológico, se permitirmos que ele fermente e alimente o nosso medo, ele será o nosso inquilino vitalício. Medo de perder, de amar, de sofrer, de morrer ou até de viver, são incontáveis modalidades. Mas por que tanto medo se na maioria das vezes são apenas fantasmas? Medo de fantasmas? Eles existem realmente? Acredito que alguns tipos de medo são benéficos à humanidade, mas grande parte das pessoas perde o medo de ser desleal, egoísta, preconceituosa, intransigente, violenta, falsa, rancorosa, perderam o medo dessas coisas e têm medo do que não precisa.

Não é tão fácil superar, mas é necessário lutar contra esses medos, e temos conosco uma arma secreta, a consciência do que realmente existe e que tipo de perigo representa. Não é pensar, é ter consciência da real situação. Vença seu medo, o universo mostra as ferramentas que precisamos para eliminar esse monstro, encontre as armas dentro de você, para cada situação existe uma arma diferente. Não se encolha e nem se esconda, isso só aumenta o drama, porque ele cresce e lhe sufoca, lute, lute bravamente e mande o medo para bem distante. Viva, permita-se viver sem medo, e se realmente existirem motivos para andar assustado, procure ajuda, mas vença seu medo e quebre todas essas correntes que lhe prendem, não permita que seu medo seja maior do que seu desejo de ser feliz.

TRAUMAS, VAMPIROS DA ALMA

Traumas, vampiros da alma que sempre existirão, e nós jamais nos fugiremos da luta para vencê-los, é um problema de todos e ninguém no planeta está imune. Para pedir ou alertar para acreditar em nosso potencial, às vezes é preciso mostrar uma moeda, porque todos têm verso e anverso. Peça ajuda, procure profissionais qualificados na área psíquica, e mesmo que já esteja sem acreditar em mais nada, tenha uma certeza: fantasmas são apenas fantasmas e só têm o poder que damos a eles, e isso é tudo o que eles querem.

A diferença entre verdade e ilusão, a maioria das pessoas só vai entender quando estiver em juízo. Não é difícil encontrar alguém afirmando o que pensa, sem ter a prudência de refletir sobre as verdades e pensamentos. Isso é muito perigoso, porque envolve muitas pessoas e sentimentos. Mesmo que não exista maldade em algumas afirmações, poderá gerar traumas.

Controle sobre o que pensamos e falamos, é essencial. A vida quase sempre coloca a gente em um mar de emoções, onde navegamos, muitas vezes sem ter um porto seguro. Melhor pensar e repensar, para só depois falar. Somos humanos, esse detalhe exige que nós usemos nosso raciocínio, por isso somos animais racionais. Mas o que acontece, fazemos conclusões rápidas e precipitadas, agimos pelo impulso e não pela razão.

O mundo sofre com uma onda energética negativa, nosso emocional parece uma caixa de metal, e essa tal energia, um imã que adere e não quer mais sair. Quantas pessoas já ficaram depressivas por uma palavra que ouviram sobre si e que não refletia a verdade? Isso porque quem as falou, simplesmente esqueceu-se de considerar a diferença entre verdades e pensamentos. Palavras pesam muito, e algumas demoram a entrar no esquecimento, ficam coladas na gente.

Às vezes nem precisamos falar, nossos olhares denunciam tanta irracionalidade que destrói o emocional dos outros. Essa parte é fácil, difícil é reconstruir a autoestima de quem afetamos. Ame a vida, a sua e as das outras pessoas, cuidado com as palavras, se não temos certeza, melhor não afirmar, palavras ditas são como areia jogada ao vento, não retornam jamais. Ouvir e saber ouvir são um dom, mas nem todos nós somos possuidores desse conhecimento, por isso, de preferência, antes de jogar palavras ao vento, é melhor respirar fundo, pensar com calma e contar até três.

Não o três da matemática, se trata de reservar um tempinho a mais para raciocinar e processar as informações. A diferença entre verdades e pensamentos poderá ser o ponto de equilíbrio que procuramos. Olhos, ouvidos e boca, a última está no singular, não por acaso. Ver mais, ouvir mais, e falar o quanto a gente queira, dando preferência para a verdade. Ser verdadeiro não é tarefa simples, devido a esse detalhe, precisamos de cautela em nossas palavras.

Ah, nunca chegaremos à perfeição e isso é muito positivo, precisamos buscar a evolução, e temos tempo, resta-nos saber quem de nós reconhece a necessidade de evoluir. Se a gente construísse uma balança em nossa consciência, para pesar nossos atos, seria bom e, ao mesmo tempo doloroso, íamos nos assustar bastante. Como isso não é possível, vamos desenvolver o hábito de falar o que pensamos somente após refletirmos sobre o caráter e a necessidade da nossa fala, se tais pensamentos não tiverem fundamentos verdadeiros não devem ser ditos, se a gente conseguir fazer isso, estaremos fazendo por nós e pelo mundo.

DESIGUALDADE E PRECONCEITO

Desigualdade e preconceito estão ceifando vidas no mundo inteiro, as pessoas que interromperam suas vidas de forma prematura não fizeram por querer, na maioria dos casos não suportaram a carga excessiva de desigualdade e preconceito e as respostas que procuraram, que pudessem justificar esse desajuste social, não encontraram e ficaram perdidos diante de tanta insensibilidade.

O mundo está ficando sombrio e grande parte da humanidade já perdeu o brilho. Estão mergulhando na roda viva das críticas e desculpas e esquecendo que é preferível acender uma vela que amaldiçoar o escuro, e seguem caminhando lentamente para o abismo. A desigualdade e o preconceito alimentam o que chamam de inimigo, mas na verdade, as nossas atitudes repreensíveis são o nosso maior inimigo, a começar pela cultura preconceituosa e mascarada.

Talvez um dos maiores problemas seja a carência de conhecimento ou a falta de sabedoria para interpretar de forma correta, sem fazer julgamentos tendenciosos. Exemplo típico é colocar em dúvida a salvação da alma de um suicida. Ora, essas mesmas pessoas afirmam que Deus tem bondade infinita, que é perdão e consolo, por que Ele iria condenar alguém que desistiu? Se Ele fosse vingativo, puniria quem provocou o sofrimento dessas pessoas, mas não. Ele é amor e justiça, mesmo que sejamos incapazes de compreender a essência de seus desígnios.

Recentemente foi divulgado um gráfico alarmante em que a cada 40 segundos alguém no mundo desiste de viver, e só no Brasil, registra-se um caso a cada 46 minutos. Não se iludam, a desigualdade e o preconceito são os maiores causadores dessas perdas, porque quando alguém procura ajuda, nem sempre recebe um tratamento digno e respeitoso, muitas vezes o problema sofre um agravante maior com a falta de humanidade, em vez de apoio, falam de fraquezas e transformam o mundo num injusto tribunal.

Muito embora algumas frases tenham como objetivo motivar, a realidade é bem diferente. Falam "a vida é dura para quem é mole", mas a vida é dura para todos. "Só depende de nós", não, nós dependemos de todos, pois estamos no mesmo universo. "Querer é poder", nunca foi e nunca será, nada é tão simples assim. Quando o universo promove um desencarne coletivo, talvez seja com o objetivo de alertar a humanidade sobre o seu distanciamento da lógica da vida, mesmo assim, depois que passa o momento de comoção, tudo volta a girar em torno de ganância, cobiça, inveja e tantos outros sentimentos infames e desnecessários.

Quantas pessoas são verdadeiros zumbis circulando por aí, muitos não queriam e nunca pensaram em ser assim, mas a desigualdade e os preconceitos iniciaram as tragédias e dizimaram seus mundos. A postura conservadora dos que pensam que tudo sabem está tirando das pessoas a liberdade e a vida, mas o universo é justo e chegará o dia de todos dobrarem os joelhos e se arrependerem das injustiças que cometeram, muitos sentirão o gosto da terra e terão a oportunidade de sofrer para entender a grande diferença entre ser e parecer. A todos os oprimidos pela desigualdade e preconceito, guardem a sua fé e resistam.

TEMPOS DE MITOS

Tempos de mitos, infelizmente, o mundo passa por um momento desgastante, a cada instante as inverdades atingem milhões de pessoas aumentando ainda mais o medo e a incerteza. O mais perigoso de tudo isso é que em tempos de mitos, quem mais sofre são os que estão na pantanosa zona da ignorância, muitas vezes por escolha própria, mas outras porque o próprio sistema tirou de muitos a oportunidade de conhecimento.

Em tempos de mitos, até pessoas cultas às vezes embarcam em barcos furados. A cada instante, uma notícia falsa e desnecessária circula nas redes sociais, o anseio de muita gente em sair do anonimato abre uma falsa porta e que revela o pior dessas pessoas, vestidas com a roupagem dos próprios interesses ou de pessoas que nem conhecem. E quando defendemos quem não conhecemos os resultados são, geralmente, desastrosos. O conhecer a que me refiro não é de forma visível, é saber identificar o comprometimento delas com o bem coletivo, conhecer seus valores e princípios. Falo politicamente, sem criticar ou julgar escolhas de ninguém, só entendo que vivemos tempos de mitos e isso é muito perigoso para a sociedade.

Brincadeiras e curtidas no sentido de diversão é algo natural, o perigo está em macular a verdade com informações falsas. Existem milhões de formas de podermos nos destacar, escrevendo uma frase impactante, fazendo um poema, contando uma piada engraçada e tendo o máximo de cuidado para não ferir sentimentos, falar sobre um livro, indicar um bom filme, defender uma causa social, boas opções não faltam.

E por que precisamos nos destacar em tempos de mitos? Cada pessoa é um mundo, eu penso que poderíamos falar a verdade e divulgar apenas o que podemos sustentar, evitar repassar o que não temos conhecimento, se é verdadeiro ou não, o tempo passa e as nossas gerações, com certeza, saberão quem éramos, fica a dica.

O MONSTRO DO PÂNICO

O monstro do pânico vivia isolado do mundo, fechado em seu próprio universo, um dia alguém teve a infeliz ideia de libertá-lo e a humanidade nunca mais foi a mesma. O contato com os humanos fez com que ele fosse disseminado e ficasse quase indomável.

De mansinho, foi se instalando de forma imperceptível, e hoje é um dos maiores causadores de incertezas. Esse vírus que se aloja em nossos pensamentos está destruindo silenciosamente a felicidade. Quando alguém detecta a existência dele e pede socorro, é uma atitude de coragem. Mas na maioria das vezes, ele torna-se tão forte que emudece a maioria.

Sabemos que ninguém quer ser infeliz, e a ânsia para encontrar a felicidade é o berço ideal para o monstro do pânico. Dizer para ser forte, que o medo vai passar, ou focar na espiritualidade nem sempre funciona, porque o monstro do pânico age rápido e enche as pessoas de incertezas.

Para cada pessoa, deve ser adotada uma estratégia diferente, mesmo porque os sentimentos são únicos e a mesma receita que funcione para todos. Mas existe uma ação que pode trazer bons resultados, pedir ajuda. Não podemos e nem devemos nos envergonhar por isso, é preciso saber que ninguém está imune ao ataque do monstro do pânico e o nosso grito de alerta ou socorro também pode assustá-lo.

Para as pessoas que por sorte ainda não foram visitadas por ele, podem ajudar a combatê-lo oferecendo solidariedade. Além de afastá-lo, com certeza vai enfraquecê-lo, a luta é de todos e por todos, não podemos nos eximir, ou ficaremos vulneráveis. Não é fácil, mas é necessário lutar bravamente contra esse intruso destruidor. Lutar, essa é a palavra do momento, por uma causa tão justa, ninguém estará só, acreditar que é possível vencer é a nossa melhor ferramenta.

Mas não podemos ter pressa, se ele descobrir a nossa ansiedade, vai se fingir de morto ou algo parecido e depois volta muito mais forte. Vamos com calma e coragem, agindo gradativamente e conseguiremos a nossa vida de volta.

A EPIDEMIA DO SILÊNCIO

A epidemia do silêncio talvez consiga ser a mais letal de todas, desde os princípios do tempo, em que os poderosos eram admirados mesmo em suas atrocidades, a humanidade começava a manchar as páginas da vida.

Mudou muito desde a época dos gladiadores, em que arrancavam as cabeças de seus oponentes e as jogavam para o público. Naquele tempo, o sucesso era extraído da força bruta e a ignorância era uma plateia frenética e ávida por violência, e para tudo que acontecia, existia uma explicação natural, o poder da força.

Grande parte da humanidade avançou em passos lentos e confusos, de forma silenciosa ou silenciada perdeu força e respeito, calou-se e aceitou que sepultassem a dignidade, ferindo direitos e valores. Grande parte porque, para nossa esperança, existem os que lutam e gritam alertando para a necessidade de ajustar o mundo.

Não precisamos de pedófilos, estupradores, corruptos, mas muita gente segue algumas dessas pragas porque são famosos ou ricos, e quando aplaudem e defendem esses indesejáveis seres, alimentam monstros, e esquecem que poderão ser a próxima vítima.

Temos famílias, e são exatamente elas o nosso principal motivo para viver, por elas e para elas. Precisamos urgentemente encontrar coragem para lutar contra essa epidemia do mal, muitas dessas pessoas são doentes, outras são maldosas, mas em ambos os casos, são resultados do que a humanidade criou. Quem planta carrapicho não colhe maçã, e o pior, o primeiro floresce muito mais rápido e é super-resistente. Precisamos ter coragem para ajudar a combater o mal, e a melhor arma é fazer o bem. Orientar, respeitar, garantir direitos e cidadania. Não podemos ignorar atitudes e comportamentos nocivos, mesmo que a humanidade não tenha dado certo, ainda existe esperança que possamos melhorar.

MUNDO SIMULADO

Mundo simulado, desde o princípio que a verdade está debaixo de sete chaves, por isso que a verdade vos libertará. Quando e onde encontrá-la? Eis o mistério.

Um mundo de aparência e de luzes ofuscantes, a cada dia, fica mais simulado e menos transparente, vidas sacrificadas e ignoradas, desigualdade e instabilidade. Chegou a hora de gritar e pedir socorro a quem fez isso aqui. O mundo está doente, e a doença é crônica. Criaram monstros e fantasias, camuflam a realidade. Defenderam interesses e poderes diversos e nunca imaginaram que chegaria o dia em que perderiam o controle.

Estão desesperados, a ciência e comunicação encurtam o lençol que, durante milênios, cobriu a Terra e deixou à mostra só o que interessava, atitudes de quem respira poder. O mundo caminha para o caos, espero que salvem os inocentes e os culpados sejam punidos. Se não existisse tanto disfarce e a verdade tivesse vez e voz, nada disso estaria acontecendo.

É hora de lutar, só os tolos ou covardes baterão palmas para os caluniadores, chegou a hora da verdade que derrubar a máscara milenar de muitas nações, o mundo passará por uma transformação radical e, possivelmente, os que julgamos culpados, sejam apenas peças de quem mexe o xadrez. Os conservadores precisam atualizar mentes e ações, os tempos são outros, cabe a nós encontrar sabedoria e força para dizer não a quem estiver fora dos padrões universais que garantem integridade para uma vida melhor.

Tá na hora de mudar o hábito de desculpas, se fazem algo bom é da parte de Deus, quem faz algo errado é por culpa do satanás. E nós, fazemos o quê? Somos apenas bilhões de marionetes nas mãos dos dois? Nada disso, temos a nossa garantida parcela de contribuição. Cadê a coragem para dizer eu fiz ou deixei de fazer? Então fica bem claro, existe Deus, o diabo e nós, sem essa de se esconder e ficar em cima do muro, eles e nós, quer queiram ou não.

É tempo de mudanças, mudar é difícil porque o novo assusta, é melhor encarar a dura realidade e fazer as correções que o tempo exige, caso contrário, estaremos segurando o cobertor de quem há milênios esconde a verdade. Os verdadeiros guerreiros não são os que matam, mas os que protegem.

SOMOS TODOS DIFERENTES

Somos todos diferentes, esqueçam essa fantasia de alma gêmea, aliás, o hábito de criarmos mundos fictícios é uma das maiores razões para as nossas decepções. Quem continua procurando a metade da laranja encontrará a frustração primeiro. Desde o princípio, que luz e trevas existem e nunca vão se misturar, precisa de algum exemplo maior que esse para definir a natureza das diferenças? Na dúvida, olhemos para nós mesmos e veremos que somos diferentes a cada instante.

Quem somos afinal, para tentar moldar os outros? Qual a certeza que nós somos o que pensamos ser? É muita pretensão nos julgarmos donos da verdade sem ao menos tentar entender o porquê da diferença alheia. Começaremos pelo conjunto psíquico emocional, família, amor, trabalho, condição de vida, tudo isso influencia o comportamento, talvez peçam justificativas ou explicações, porque na mesma família existem variações de personalidades. A resposta é simples: somos todos diferentes e cada pessoa é um mundo.

Sou gestor e diariamente me surpreendo com comportamentos adversos à normalidade, em alguns casos eu encontro razões, em outros relaxamentos, e na maioria apenas diferenças. Em uma empresa fica mais fácil identificar a maioria dos desconfortos em relação ao comportamento coletivo porque existem regras definidas, e ao serem colocadas em prática, nem sempre representam as ideias dos que as cumprem, mas estamos tratando de diferenças que precisam de atenção e convencimento.

No relacionamento em geral, precisamos aprender a ouvir, falhamos em pensar que os outros não pensam, e perdemos a grande oportunidade de aprender um pouco mais sobre comportamento coletivo. Muito embora, por inúmeras vezes, a lógica em si pudesse assumir uma postura decisiva, não é o suficiente, somos carentes de sabedoria plena e o que pode parecer lógico, talvez seja apenas uma das nossas crenças, o que não nos dá garantia de que estejamos certos.

Ouvir e falar pertencem a tempos distintos, mas nem sempre respeitamos a hierarquia do tempo e respondemos com os nossos desejos, fazendo questionamentos infelizes ou inadequados por medo de expor nossas dúvidas ou inseguranças. Precisamos perder esse medo e ver a potencialidade nas outras pessoas. Afinal, todos nós temos raciocínio e inteligência, que em alguns casos são obstruídos por falta de oportunidade de ação ou expressão.

Somos todos diferentes, sem a necessidade de apontar quem está na base ou no topo, na grande faculdade da vida somos formadores e formandos, e poucos graduados o suficiente para entender o valor das diferenças para a evolução da humanidade.

O PODER DO DOMÍNIO PRÓPRIO

O poder do domínio próprio aproxima cada um de nós do tão sonhado equilíbrio, favorecendo significativamente a nossa evolução pessoal e permitindo mostrar ao mundo que quando descobrimos a nossa força interior, quebramos as algemas da dependência e ficamos livres para construir um novo mundo.

Acostumamo-nos a ouvir o que as pessoas pensam sobre nós e esquecemo-nos de ouvir nós mesmos. Não podemos fugir de uma dura realidade, a maioria está vazia tentando suprir suas carências, e quando decidem o que é bom ou ruim para os outros, não significa que suas visões estejam corretas, isso porque ainda não adquiriram o poder do domínio próprio.

Uma regra para que possamos descobrir o poder do domínio próprio, é a ética. Sem ela é impossível desenvolver sabedoria e entender que não conhecemos a nós, como poderíamos então conhecer os outros. É um assunto muito delicado e exige prudência, mas quando conseguimos firmeza de propósito e encaramos o que mais temos medo, de nós mesmos, não daremos mais importância ao que não tem, mas só conseguimos essa proeza se desenvolvermos o poder do domínio próprio.

Muitas pessoas orientam a técnica do espelho, e por algum tempo eu pensei que ela funcionasse muito bem, até descobrir que nada pode ser comparado com o efeito da consciência. Converse com ela e tenha coragem de escutá-la, de nada vai adiantar se não tomar uma decisão que contribua para um bem coletivo, se pensarmos de forma isolada, ficaremos isolados.

A PORTA É MISTERIOSA

A porta é misteriosa, seja ela a porta da frente ou a porta dos fundos, são coletoras de energias que podem nos levar à glória ou criar dúvidas sobre nós, fazendo com que possamos ficar expostos ao olho humano que nem sempre vê o real, apenas o que lhe interessa. Precisamos de máximo cuidado ao abri-la, o que entra ou sai pela mesma pertence ao mundo misterioso da invisibilidade, exigindo da gente cautela, já que sabemos pouco sobre ela.

A porta aberta significa um convite para entrar ou sair e por ele passa a verdade e a incerteza, mas certamente muitos de nós nos arriscamos pelo simples fato de desconhecer tal perigo. Uma das portas mais misteriosas e criticadas são as nossas interpretações, muitas vezes permitimos que a emoção domine e esquecemos a razão, fazendo valer o nosso sentimento de afeição.

Somos todos construções em acabamento permanente e nunca estaremos cem por cento prontos, se alguém acreditar que é perfeito, sua casa está prestes a ruir, quando procuramos a inalcançável perfeição, sempre encontramos necessidade de mais e mais reparos. A porta misteriosa será de livre acesso e essa é a grande jogada, permitir as mais diferentes passagens até entendermos que estamos utilizando duas balanças. O direito de expressão e de liberdade jamais poderá estar condicionado a preferências. É sábio quem escuta mais e fala menos, no intervalo entre ouvir e falar é quando a consciência aflora e nos dá um choque.

Julgar parece ser uma tarefa simples para quem não se dispõe a enxergar a razão. Na vida criamos muitos atalhos, em determinadas situações escolhemos um desses que nos leva ao esconderijo da vergonha, quando falamos sem pensar, e quando percebemos o erro, não temos coragem para repará-lo. Não falar pelos outros é sabedoria, mesmo porque não temos uma procuração para isso, e muito menos capacidade para administrar o mundo alheio, e aqui vai uma dica, segure a língua, ela é uma parte venenosa do nosso corpo. Se você tem certeza, mesmo assim respeite a opinião alheia e não cometa o erro de afirmar que a outra pessoa está errada, se estiver, isso é com ela.

A nossa misteriosa porta precisa de segurança, a começar vivendo a nossa vida e deixando a vida alheia em plano secundário, se agirmos assim ajudaremos tanta gente que até nos surpreenderemos com a nossa evolução pessoal e espiritual. Os outros são os outros, precisamos entender isso de forma ética. Não esqueça, seja pela porta da frente ou pela porta dos fundos, todos nós passaremos, e os portais invisíveis registram cada um de nossos passos.

FANTÁSTICAS AVES NOTURNAS

Fantásticas aves noturnas, fascinantes e envolvidas em mistérios, as corujas sem dúvida estão no topo. Não apenas por sua sabedoria, mas principalmente pela visão e audição privilegiada. Para muitos, é uma ave agourenta, e para outros, uma espécie de amuleto. As corujas são fantásticas aves noturnas, encantadas e encantadoras, inteligentes e silenciosas.

Em seu voo noturno parecem conversar baixinho com o vento, fazendo da noite seu universo de mistérios. O que poderíamos aprender com elas? Ouvir melhor e fazer mais silêncio, nosso hábito tagarela muitas vezes prejudica a nossa convivência e relacionamento provocando transtornos desnecessários. As fantásticas aves noturnas também nos ensinam a compartilhar o tempo que, em dias atuais, é uma raridade quem saiba fazer do tempo um aliado.

O companheirismo das aves é algo impressionante, se revezam sem o menor complexo em suas tarefas, ele ou ela conhecem a importância de uma vida solidária onde todos trabalham e repousam com direito a um descanso proporcional. Precisamos quebrar paradigmas e avançar socialmente referente a valores, e rever conceitos ultrapassados e discriminatórios.

As fantásticas aves noturnas são pacientes e prudentes, duas características essenciais para a humanidade. Dificilmente as aves caem dos galhos porque aprenderam a pousar, observam com inteligência e fazem da prudência seu porto seguro. Quanto a nós, que escorregamos e caímos muitas vezes, principalmente de forma espiritual com a nossa falta de sensibilidade, nada melhor do que aprender com essas fantásticas criaturas, desde a construção de seus ninhos até a criação dos filhotes, todas as tarefas são compartilhadas.

Tanto a noite quanto o dia são presentes do universo, e neles estão toda a sabedoria que precisamos para viver melhor, enxergar a necessidade de ser, e se desprender do parecer, talvez seja a nossa maior evolução. Precisamos aprender a voar, só assim o nosso espírito conseguirá um pouso tranquilo no universo para onde nos destinarem.

A ÁRVORE DA MEIA-NOITE

A árvore da meia noite era uma lenda de um pequeno vilarejo. Quando as galinhas e capotes começavam a entrar nas moitas de mofumbo e se acomodavam para dormir, os moradores daquele lugar também se recolhiam. Às vezes, em noites de lua cheia, ficavam nos terreiros contando histórias ou fazendo adivinhações, enquanto as crianças brincavam de ciranda, mas antes da lua atingir o meio do céu, entravam em suas casas e fechavam tudo com medo da árvore da meia noite.

Os anciões contavam que se a árvore encontrasse alguém fora de casa, ela o envolvia em seus galhos e o transformava em pirilampo, para iluminar a noite, ninguém queria que isso acontecesse. Nas noites escuras, quando os pirilampos acendiam suas lanterninhas no meio da mata, o povo do vilarejo comentava que eram seus ancestrais que foram encontrados pela árvore da meia noite.

Certa noite, a lua com seu manto de encantos clareava a mata fazendo pequenos desenhos com a sombra de galhos e folhas, a vida noturna e seu encantamento sempre estiveram à mercê dessa deusa. Em leitos simples, as pessoas estavam dormindo, algumas ainda acordadas envolvidas em seus sonhos, e algumas perderam o sono ouvindo o cântico de uma rasga-mortalha, permitindo que as fábulas ganhassem vida e que o medo entrasse pelos freixais das pequenas casas de taipa.

Uma menina acordou pensando por que precisavam ter medo de uma árvore, já que elas não ofereciam nenhum perigo. As árvores é que corriam perigo, sofriam agressões constantes com cortes e queimadas criminosas. De repente, lá fora, alguém batia na pequena cerca feita com talos de carnaúba, deslizava em cada talo fazendo um som diferente, a menina puxou o pequeno lençol e cobriu os olhos, não queria ver nada estranho.

Segundos depois, encheu-se de coragem e foi até a porta para ver o que era, viu uma mocinha com um cipó que deslizava na cerca, pra lá e pra cá, como se estivesse brincando. A menina não hesitou, abriu a porta e foi até ela.

— Moça, é muito perigoso andar por aí essa hora da noite, a árvore da meia noite poderá lhe transformar em um pirilampo.

A mocinha sentou-se na areia banhada pelo claro da lua e sorriu.

— Eu sou a árvore da meia noite, a guardiã da floresta e amiga dos pirilampos, sente-se aqui, vou lhe contar a verdade.

Todos conhecem a lenda, mas a floresta ainda existe graças a ela. Alguns moradores saíam à noite para pegar os pássaros em seus ninhos, pequenos filhotes de animais e destruíram fauna e flora sem o menor senso de consciência. Certa noite, encontraram um filhote de lobo que nascera com duas presas enormes, levaram-no para o vilarejo e o queimaram, dizendo que era um lobisomem. Na noite seguinte, pedi às grandes árvores que à meia-noite visitassem o vilarejo para assustar a população. Os mais corajosos pegaram foices e machados para cortar as árvores, e de cada golpe que davam, nascia um pirilampo, ficaram cansados e disseram que muitos deles tinham sido transformados em bichinhos luminosos. Temos a lua como testemunha, essa deusa misteriosa e encantadora presenciou essa noite de tormenta, depois ficaram com medo e nunca mais saíram no escuro ou sob o clarão da lua da meia noite.

Todos nós somos uma árvore e temos a nossa própria meia noite, com lutas, medos, desafios, mas sempre existirá um manto de proteção para todos, até para os que o destino excluiu. Volte para o seu leito e guarde em segredo a nossa conversa, os humanos se acostumaram a interpretar superficialmente as coisas, por isso que muitos são guiados por ninguém e para lugar nenhum.

A árvore da meia noite alerta para usarmos a consciência, as fábulas continuarão a existir, mas cada pessoa pode se fortalecer na verdade e no amor, sem precisar propagar o medo, poder andar sob o clarão da lua que representa a paz e sintonia com o universo. Coragem para ficar frente a frente com a árvore da meia noite, poder abrir a porta e chamá-la para conversar, sem permitir que os cortes ou as queimadas atinjam suas raízes.

NADA ALÉM DE MISTÉRIOS

Nada além de mistérios, isso é a vida. Estudada, explicada, comentada, mas sempre voltamos para a mesma pergunta: tem certeza? Aí a maioria tem uma versão diferente, às vezes, baseando-se em seus próprios conhecimentos que nem sempre representam a verdade.

A humanidade está dividida entre os que pensam e os que apenas seguem pensamentos. Um exemplo é Deus, único para os que acreditam e múltiplo para quem consegue enxergar além. Nessa diferença é possível notar que nada além de mistérios envolve crenças e religiosidades. Estudiosos, teólogos ou religiosas, a maioria fica distante dos ensinamentos, quem dirá da prática.

Afirmar o que não podemos evidenciar, faz com que voltemos ao ponto zero, e dar garantias do que não temos certeza é menosprezar a inteligência alheia e enganar a si mesmo. Muita gente comete o absurdo de julgar e afirmar o que apenas ouviu por aí ou leu sem saber interpretar, e se põe a liderar pessoas leigas, prometendo paraísos, quando na verdade é apenas mais pessoas perdidas, vagando sem rumo.

É até bonito querer ser uma liderança, feio é afirmar sem a credibilidade do conhecimento. Falamos muito, talvez exista em algumas pessoas a carência de ser vista e ouvida, por isso pegam um cajado e assumem um rebanho, precisam ter cuidado para não levá-los ao precipício. A humildade ainda continua sendo uma grande lanterna que ilumina os caminhos.

Desde as profundezas dos oceanos até as galáxias mais distantes, continuamos sendo apenas aprendizes, precisamos de prudência. Em qualquer direção que a gente olhe encontramos segredos, os quais todos esses anos de existência da Terra, continuam guardados e selados com selos que não foram identificados. Sabemos pouco sobre vida e pós-vida, antes de tocar a divindade, precisamos de humildade para que ela nos toque. Não devemos dar mais importância ao mundo e às suas confusas afirmações sem primeiro entender que a vida não é nada além de mistérios.

UM DIA A CASA CAI

Um dia a casa cai. Essa expressão de ironia e de alerta bem que poderia ser tratada com mais seriedade. A casa em si não quer cair, ela sabe que se cair, será um desastre. Toda casa tem uma energia diferente, porque toda casa também tem habitantes diferentes.

A casa não cai de surpresa, ela envia várias mensagens antes para que seja evitado seu desmoronamento. E são mensagens simples e visíveis, rachaduras nas paredes, telhas quebradas, goteiras, cupins, e até teias de aranhas, são tantas aparências estranhas, que somente quem não gostar dela, não verá.

Se as paredes estão rachadas, veja por que começou e como fazer um reparo de forma segura. Quantas vezes você racha um relacionamento e não tem a sabedoria para identificar o porquê e corrigir a tempo, de forma segura, transparente, e sem deixar cicatrizes.

Telhado quebrado? Com certeza quebrou devido a algum fator, e quando quebramos a confiança? Pense no tamanho do impacto, telhas são substituídas normalmente, mas confiança não se compra, e para normalizar leva uma eternidade, eis o grande problema.

As goteiras, elas já são um problema do telhado, quebrou, e a abertura que deixou foi muito sentida, e as lágrimas vieram, não em forma de gotas de chuva, que respinga e molha, mas em forma de tempestade, desse tipo de tormenta que desorienta, e essas lágrimas vão rolar por muito tempo.

Ah, os cupins, todos conhecem, destroem a estrutura do teto, é terrível. Não deixe que eles encontrem sua casa, será muito difícil refazer o teto, nunca será o mesmo, sempre existirá o medo de que eles voltem e causem nova destruição. O teto é a proteção, não pode ter falhas, se houver, não terá sono tranquilo e a tranquilidade, é tudo na casa que falamos.

As aranhas e suas teias, se tem teias de aranha é como se a casa estivesse abandonada, você já não tem o mesmo carinho, não tem a mesma atenção, aliás, nem olha direito, senão teria retirado as teias e teria todo cuidado do mundo. Afinal, debaixo de um teto, tudo deve ser tratado com muito carinho e zelo, se isso acontecer, a felicidade será uma hóspede eterna.

Sabe, essa casa que estamos falando é você, a sua vida, seu amor, seu convívio, então não deixe de olhar essa casa com muita atenção e respeito, todo carinho é pouco. Pare agora e veja como está a sua casa, se você se esqueceu de colocar amor nos alicerces, humildade nas paredes e justiça no teto, você não está sendo inteligente, não está fazendo uma construção sólida, e desse jeito, não se surpreenda, um dia a casa cai.

VIAJANTES ANÔNIMOS

Viajantes anônimos caminham ao nosso lado, sorrindo ou cantando, muitas vezes até chorando seus infortúnios. E nós, ah, somos com certeza mais um que nos juntamos a tantos outros perdidos na multidão. Na vida, involuntariamente, participamos de todos os processos do universo, e pensar que sabemos exatamente quem somos e o que fazemos é o nosso grande engano.

Senhores e escravos pisam no mesmo solo, com calçados luxuosos ou descalços, deixam as suas marcas porque ambos são viajantes anônimos de um mundo desconhecido, talvez agora, em papéis invertidos, proporcionando oportunidades de evolução. Se acreditarmos realmente em planos superiores, precisamos aprender a não perder mais uma chance que o universo nos oferece.

Não sabemos ao certo quantos lugares já visitamos em nossas andanças pelas estradas do universo. Talvez seja melhor assim, misturando-os aos milhões de viajantes anônimos para aprender a amar e perdoar, sentir o calor do sol e do chão para que possamos entender um pouco mais dos mistérios da vida. Ofereça um sorriso, um bom dia, estenda a mão para quem estiver sem força, faça o melhor possível, mas não espere reciprocidade. Se vier a acontecer, receberá uma benção duplamente, aqui e no universo.

É difícil andar entre os viajantes anônimos, entre eles, anjos e demônios estão presentes com suas missões e raramente teremos certeza o que é real ou fictício, e esse detalhe justifica porque o mundo está na contramão. Somos todos diferentes, e em muitos casos, assediados por lobos em pele de cordeiro, não temos como fugir porque a camuflagem é quase perfeita, nesses casos ficamos expostos e vulneráveis, talvez se o destino estiver ao nosso favor, apareça um anjo para nos proteger.

A verdade é que precisamos de um escudo resistente aos ataques da maldade, começamos a conquistar ou construir tal escudo com ações de grandeza espiritual, isso não dá garantia de segurança a ninguém na Terra, mas talvez, em nossas próximas estações, sejamos recebidos com honras, nada foge do poderoso e enigmático universo.

ENQUANTO HÁ TEMPO

Enquanto há tempo podemos e devemos fazer algo por nós, zelando por quem amamos e alimentando a nossa consciência. Essa tal consciência, tão sofrida com ações descontroladas e desnecessárias que só quando estão fora de controle é que percebemos. O universo nos oferece oportunidades incríveis, precisamos aproveitá-las enquanto há tempo.

Acompanhamos as mudanças do mundo, é basicamente um efeito bumerangue e mesmo que a gente se julgue inocente, na maioria das vezes, é o nosso instinto de autodefesa que nos representa, mas a realidade é outra. Palavras, muito cuidado com elas. O que pensamos e colocamos na ponta da língua, para muitas pessoas é sinônimo de bravura, mas quando as lágrimas banham a face por motivos que poderiam ser evitados, nos arrependemos, mas já é tarde.

Ser sincero não é dizer o que quer, autenticidade não é falar sem pensar. Cuidado com as palavras enquanto há tempo, depois, talvez, seja tarde demais e não teremos a oportunidade de nos desculpar. E falando em desculpas, por educação aceitamos, mas as cicatrizes demoram a sarar. Expressões perigosas: "Não tenho papas na língua", "não levo desaforo para casa", "digo é na cara, tô nem aí!", "falo mesmo!". Na maioria das vezes, essas atitudes retratam apenas descontrole.

Enquanto há tempo, podemos usar o bom senso e fazer um esforço para que a emoção não supere a razão. Isso não é covardia, é sabedoria. Estamos com muita dificuldade para aprender a ouvir e muita gente esqueceu que a importância do diálogo é ouvir enquanto a outra pessoa fala. Se a gente diminuir a necessidade de aparecer, vamos aumentar o nosso nível de relacionamento.

Enquanto há tempo, ame mais e valorize o máximo que puder, criticar menos e ter mais solidariedade é um bem necessário. Algumas dores passam com analgésico, outras demoram anos e às vezes custam vidas.

MAIS CEDO OU MAIS TARDE

Mais cedo ou mais tarde começaremos a entender que estamos em missões, mesmo que aos nossos olhares elas tenham sido interrompidas, não sabemos exatamente quais eram ou em que lugares continuarão. Demoramos a entender os complexos projetos da vida onde somos parte dele, e o todo não é do nosso conhecimento, isso para diminuir o sofrimento da humanidade, porque se soubéssemos o dia das nossas perdas, existiria um oceano só de lágrimas.

Nunca estaremos preparados para um até logo demorado, porque o grande livro fala na certeza do reencontro, mesmo aquelas pessoas que não acreditam, poderão ser presenteadas com essa possibilidade, mais cedo ou mais tarde começaremos a ver o universo com muitas moradas e a Terra poderá ser apenas um grão de areia em relação ao que existe acima dela.

Isso não significa que tenhamos de aceitar as ausências, sabemos que é algo difícil de suportar, mas ignorar a existência de planos superiores, talvez torne a vida ainda mais dolorosa. Precisamos lutar para conseguir respeito e valorização da vida, despertar em alguns o sentido de consciência coletiva, talvez isso possa corrigir a inconsciência.

Mais cedo ou mais tarde tudo será alinhado ao universo, e ninguém terá força para alterar o que estiver decidido, somos aprendizes teimosos. Cada vez que o tempo ou o destino entorta a gente e nos mostra o que precisamos fazer ou o que deveríamos ter feito, insistimos em não ver, mas esses dois são neutros, colocam cada um de nós em momentos desesperadores, com certeza não pelo prazer de nos ver sofrer, mas com propósitos de nos fortalecer, não podemos saber o futuro e por isso precisamos de sabedoria para entender o presente.

A vida é uma grande árvore, as raízes trabalham para que ela viva, extraindo nutrientes de onde às vezes já não há o que se extrair, mas é preciso continuar. Quanto a nós, também não é diferente, nos agarramos em esperança mesmo incertos ou descrentes, mas precisamos sobreviver às nossas tempestades, e quase sempre esquecemos de regar nossas raízes com a fé, e fé não é crença nem religião, mas sim aquilo que nos coloca novamente em órbita, mais cedo ou mais tarde.

AMAI-VOS UNS AOS OUTROS

"Amai-vos uns aos outros como eu vos amei". Esse talvez seja o maior desafio da humanidade, porque nele mora o perdão e perdoar não é fácil. Enganamos a nós e aos outros com mentiras e meras aparências, divulgamos a nossa bondade e nos preocupamos mais em parecermos bons do que sermos de fato. Não adianta dobrar os joelhos se o nosso coração ainda está cheio de ódio e vingança, talvez seja melhor a dor física do que macular o espírito.

Na verdade, nem sempre temos forças para superar as nossas tragédias, no entanto, precisamos lutar para que a razão e a emoção fiquem em recipientes diferentes e aí começaremos a entender a difícil missão de perdoar. Somos todos espíritos que, por algum motivo que desconhecemos, estamos aqui para desenvolver a nossa evolução. Sabemos que religião não salva, quem salva é Cristo e esse não autorizou nenhum de nós a julgar, em seus ensinamentos disse: "Amai-vos uns aos outros como eu vos amei". Estamos muito distantes desse estágio, e aquele que se julga pronto, peça sabedoria para entender que ainda há um longo caminho nessa jornada.

Ora, se alguém fizer uma maldade com a gente ou com alguém a quem amamos, na maioria das vezes, o primeiro pensamento é o de vingança. Possivelmente irão aparecer os que dizem que perdoam, um alerta, não basta falar somente para confortar o nosso espírito. O silêncio, em muitas situações, é parte importante da nossa evolução, nossas ações ocorrem em tempo real e as nossas palavras podem ser velas acesas ou apagadas, dependendo da nossa verdade. Não diga que perdoou ou que vai perdoar se ainda não sabe o que é perdão.

As desventuras atingem todos e quando ainda não caímos porque pensamos que pegamos a mão de Deus, estamos enganados,

Ele é quem está segurando a nossa mão. Não existe evolução sem sacrifício e é exatamente essa a chave para abrirmos o nosso coração e começar a amar uns aos outros. Nunca foi e nem será tão fácil de falar, porque amar é um conjunto de doações e exige desprendimento. Existe uma preocupação excessiva em saber para onde vamos após nossa vida terrena, mas raramente nos preocupamos em saber de onde viemos, independente de crenças ou culturas, estamos aqui por algum motivo.

Amai-vos uns aos outros e só assim aprenderemos a perdoar. Julgar não nos cabe, essa é uma questão muito delicada que exige total imparcialidade e não possuímos ainda essa característica. Vamos fazer o nosso sacrifício de aprender a perdoar, e vamos deixar as decisões para quem tem poderes de decidir, é difícil e desafiador agir assim, mas com certeza vale a pena.

OS ENCANTOS DA LEITURA

Os encantos da leitura são imensuráveis, quanto mais lemos, mais aprendemos e nos divertimos com o fascinante mundo do conhecimento. Graças à evolução tecnológica, o mundo virtual proporciona inúmeras alternativas para que possamos desenvolver o hábito da leitura de uma forma mais atuante, seja através da divulgação de livrarias físicas ou online, com livros de papel ou *e-books*.

Não podemos ignorar a realidade da qual nem todas as pessoas possuem o mesmo poder aquisitivo para que as oportunidades sejam as mesmas, no entanto, os encantos da leitura gradativamente vão chegar à maioria. As estatísticas sobre o hábito de ler preocupam muito, para que editoras e livrarias possam fazer investimentos nesse segmento, é preciso que o mercado editorial e o poder público destinem verbas para campanhas de incentivo à leitura, ou financiem publicações diversas atraindo novos escritores e leitores.

Algumas pesquisas indicam que 44% dos brasileiros não leem e 35% nunca compraram um livro, mas todos nós somos responsáveis por mudar esse gráfico com atitudes simples e eficientes. Presenteando ou doando livros novos ou usados, compartilhando um *e-book* por e-mail, assinando uma revista eletrônica, todos esses caminhos nos destinam aos encantos da leitura. Sabemos que a leitura pode não ser uma prioridade, mas ler e adquirir conhecimento nos proporciona maiores oportunidades de realizações. Em um mundo competitivo no qual vivemos, quem estiver melhor preparado estará na primeira fila.

Leiam para seus filhos, contem para eles uma fábula, criem um conto, recitem um poema, mas despertem neles o hábito de ler e aprender. Os encantos da leitura não têm públicos específicos, em qualquer um deles a riqueza do conhecimento se fará presente. Criando o hábito de ler, estaremos preparando o mundo para abraçar o universo das letras, e quando estivermos nele, os educadores vão agradecer e a literatura também.

VOSSA EXCELÊNCIA, A VERDADE

Vossa Excelência, a verdade. Quando foi anunciada gerou um desconforto para muitas pessoas, que não esperavam que um dia ela pudesse aparecer e tirar a máscara que usaram por muito tempo. Talvez nem conheçam aquela música que diz o seguinte: "Mas um dia a verdade escondida aparece, o que menos se espera acontece". A verdade não se esconde, o que acontece é a oportunidade que muitos recebem para corrigirem seus erros, mas acabam desperdiçando.

Muitas vezes, quem tem a condição de ser um grande exemplo, veste-se de cordeiro, mas é lobo, isso é uma expressão até injusta porque os lobos são melhores. O desejo desenfreado de muitos provoca desequilíbrio e decepções, quando a vossa Excelência, a verdade, chega e rasga a camuflagem. Na vida, precisamos de sabedoria para projetar as nossas construções, quem construir com alicerces fraudulentos ou ilegais, não se surpreenda, quando a casa cair e o que sobrar não poderá ser aproveitado.

Vossa Excelência, a verdade, vai mostrar a cara de todos, ninguém será poupado ou beneficiado, é apenas uma questão de tempo. O abraço de Aleteia vai doer, a vergonha de ser exposto e marcado pela farsa será um momento doloroso. Vossa Excelência, a verdade, chegará em todos os lugares do mundo e visitará cada um de nós. Nem tente se esconder, é impossível ela não nos encontrar, se não quiser viver fugindo, aceite o abraço de Aleteia.

Mentiras, mentiras e mentiras, um dia cairemos feio e quem estiver por perto, talvez, não queira se envolver e ou se misturar ao nosso comportamento inaceitável. Por isso é melhor pensar bem e escolher entre parecer ou ser, antes que a Vossa Excelência, a verdade, defina quem realmente somos e mostre ao mundo a nossa verdadeira face. Um dia a casa cai, construir de forma segura é usar transparência e ter decência, é preciso ter coragem para tirar a máscara e mostrar a cara, porque um dia a verdade vai aparecer e talvez seja tarde demais para a gente recomeçar.

MANDE A TRISTEZA IR EMBORA

Mande a tristeza ir embora, não peça por favor, seja duro com ela e diga que nunca mais volte. Mas não se iluda, a tristeza se faz de desentendida e quando você abrir a porta, ela entra. Tem que ser perseverante, fechar a cara e não dar a mínima para essa intrusa. O mais intrigante é que ela cria um laço muito forte com todas as pessoas, quando a gente se finge de forte, alguém manda uma foto, um lembrete, o rádio toca uma música para lembrar, o filme tem um herói que a pessoa gostava, encontramos pessoas que nos fazem lembrar de alguém, parece que o universo está contra a gente.

Mesmo assim, não podemos desistir da nossa decisão. Mande a tristeza ir embora, expulse-a com um sorriso, nem que o coração esteja morrendo afogado em saudades, jogue para ele o salva-vidas e tenha realmente esperança. O destino pode ser brincalhão, mas o tempo é justo, e na hora certa tudo acontecerá. Não podemos nos embrulhar no lençol do passado ou não suportaremos o frio das lembranças. Precisamos acreditar que merecemos melhor sorte, como nem sempre sabemos. Mande a tristeza ir embora, dê preferência que ela pegue carona em algum cometa e se perca no espaço para nunca mais nos encontrar.

É muito difícil aceitar as surpresas que o destino nos impõe, mas somos pequenos para brigar com ele, às vezes é melhor aguardar a próxima ação, gritar e se debater em nada vai mudar, podemos chorar baixinho as nossas desventuras, mas permanecer chorando é desacreditar que existe um mundo melhor em algum lugar do universo, lá a tristeza não vai encontrar a gente. Por isso vamos nos amparar nas promessas de uma nova vida e, quem sabe, o senhor do universo coloca todos juntos novamente, mais uma chance de viver o amor.

Nada é impossível para quem detém todo o poder, mande a tristeza ir embora, se ela voltar, converse com o senhor do universo, ele lhe dará a paz que procura, seja humilde e tenha a certeza de que só ele tem o poder para resolver todas as nossas pendências.

TUDO PASSARÁ

Tudo passará, tormentas e calmarias são veias do tempo alheias à nossa vontade, no prazo determinado por quem de direito rege o universo, canoas e navios serão esquecidos no ancoradouro. Muitas vezes, de forma inconsciente ou não, corremos atrás da fama ou do reconhecimento, quando cansamos e passamos a ver a cada dia mais distante a linha de chegada, não é motivo para pensar que perdemos o nosso tempo, é olhar com calma e ver o quanto fomos vencedores.

A vida é um enorme oceano de aventura, às vezes nos sentimos felizes com o vento que sopra em nossos cabelos, e dias depois praguejamos contra o próprio vento que rasgou a vela do nosso barco. Somos assim, infelizmente ingratos com o tempo, se somos crianças, queremos ficar adultos, e quando crescemos, ah, aí queremos voltar à infância. Quando chega a dor, esquecemos os momentos felizes e ignoramos a realidade de que tudo passará.

Sofrer é algo que não está em nossos projetos de vida, mas quem somos nós, afinal? Pobres mortais, inquilinos dos castelos da ilusão, sem saber que a felicidade é uma gangorra, quem está embaixo vê as estrelas, e quem está em cima tem a chance de ver uma infinidade de seres pequenos, que nunca subirão na gangorra.

Ah, quão pequena é a nossa visão sobre a vida, viver é poder amar independente das aparências, mas acima de tudo ter a consciência de que tudo passará, e por isso precisamos viver cada segundo e poder doar amor enquanto o todo poderoso tempo nos permitir, os nossos medos não vão nos impedir, nem travar os ponteiros do tempo, mas poderão nos confundir.

O mar talvez seja o nosso grande mestre, olhamos a imensidão das águas, marés perigosas e assustadoras e não mergulhamos nelas, quando chegam à praia, transformadas em pequenas marolas, brincamos com as pequenas borbulhas que fazem na areia sem medo de tocá-las. Somos como as ondas, às vezes fortes outras fracas, e todas regidas pelo universo, as que balançam os navios, e as que fazem a alegria das crianças, e ambas pertencem ao mesmo oceano. Precisamos ter a consciência de que tudo passará, e possivelmente, o que ficará mais próximo da eternidade será o amor, eis o grande problema, saber o que é amar.

OS LABIRINTOS DO MEDO

Os labirintos do medo são veias correntes em nosso cérebro, infelizmente, continuamos perdidos e sem previsão de encontrarmos a saída para esses labirintos. Somos uma raça complicada, e às vezes sobrecarregamos o nosso sistema central com uma carga além do suportável. Poderíamos evitar se tivéssemos sabedoria para controlar nossas emoções, no entanto, permitimos um envolvimento emocional fora de controle, alimentando os labirintos do medo.

Possivelmente, se a gente fosse mais cauteloso e confiante, encontraríamos um atalho que nos levasse à liberdade, mas pensar positivo é algo desafiador. Eu tive vários medos dos quais não precisava, tinha medo de não ser um bom filho, um bom esposo, de não poder oferecer às minhas filhas condições para uma formatura, e outros mais. Ora, os dois primeiros dependiam da minha pessoa, em fazer o básico para que tudo ocorresse bem, o terceiro, descobri ainda a tempo que, mais importante do que uma formatura, é uma formação, e os dois objetivos foram alcançados.

Teseu tinha um novelo de lã e uma espada, nós possuímos uma infinidade de ferramentas para encontrar as saídas dos labirintos que nos fazem prisioneiros, foco e ação são mais eficientes do que lã ou espada, mas planejar e agir exige dedicação e vontade. Ah, nosso cérebro é preguiçoso, precisamos acordá-lo e fazê-lo trabalhar ao nosso favor, e ele o fará, mas precisa do nosso comando. Fuja de seu medo, não permita que ele fermente e lhe sufoque.

A maioria de nós cria os nossos fantasmas e depois fica apavorada, não crie uma fera se não puder domá-la. Escute sua consciência, saia da letargia e seja resistente tal qual o marisco entre a maré e o rochedo, que criou um escudo protetor e não teme o quebra-mar. Projete margens viáveis de erros e acertos, mas não se curve frente aos seus medos, talvez eles existam, ou podem ser apenas imaginação, só há um jeito de saber, lute, se lhe enfrentar é real e você pode vencê-lo, o segredo é não recuar.

Não há vitória sem sacrifício, para cruzar a linha de chegada temos que dar o primeiro passo, vença seu medo, identifique sua fonte, se é real ou fictício, tenha coragem para assumir riscos e responsabilidades, todos nós possuímos um mapa que nos leva à saída do labirinto, a nossa consciência.

CORAGEM E CONSCIÊNCIA

Coragem e consciência, elementos básicos da construção pessoal e espiritual de cada pessoa. Somos todos imperfeitos e não possuímos virtudes que não possam ser aperfeiçoadas. No entanto, o que falta na maioria das vezes é algo essencial para as nossas correções, coragem e consciência.

Quantas vezes permitimos que a nossa falta de coragem para ser verdadeiro estremeça um relacionamento. A nossa consciência nos acusa, mas o medo das reações é bem maior do que a nossa coragem de expor nossas fraquezas. E aí o que fazemos? Nos escondemos no desgastante mundo de aparências e procuramos proteção da pior forma, ficamos sob o escudo da mentira até o dia em que a verdade aparece.

Consciente, para quem tem ou conhece sua importância, mais cedo ou mais tarde inicia o processo de execução para livrar-se do pesado fardo que a inconsciência provoca. Coragem, ah, não é nada fácil em um mundo louco e descontrolado no qual vivemos, não me refiro à valentia, qualquer um pode ter acessos de loucura, destaco mesmo é a coragem de seu verdadeiro papel na sociedade e ter a consciência de que em cada estação entramos em um trem diferente, até o dia em que chegarmos ao fim da linha.

Muitas pessoas se iludem em suas viagens e acreditam que merecem as melhores poltronas! Pobre ilusão, melhor adquirir coragem e despertar a consciência, porque no extraordinário trem da vida, o maquinista não tem preferências, e o desembarque de cada um será de acordo com o roteiro que escolheram. Seria bom se a gente desse mais valor ao que realmente merece, isso aqui é tão passageiro quanto nós e como diria o sambista: a passagem do trem é o amor no coração.

Coragem e consciência, sem elas jamais poderemos nos tornar pessoas comprometidas com um mundo mais humano, e continuamos mergulhados no abismo do egoísmo, mas somos todos capazes, e quando tivermos coragem e determinação para realizar os reparos necessários em nosso comportamento, mudaremos a história da humanidade.